AF435633

La laïcité, ce n'est pas de l'athéisme

Mokrane NEDDAF

La laïcité, ce n'est pas de l'athéisme

Il faut comprendre que personne ne cherche à avoir une oumma[1] islamique partout, mais juste à pratiquer sa religion là où il se trouve. Le monde actuel voit que l'Occident est plus riche et que les gens doivent s'y rendre pour vivre mieux, c'est tout. Si les gens avaient une meilleure vie chez eux, ben rassurez-vous, personne ne serait parti jeûner dans un autre pays. La roue tourne sans arrêt. Un jour, qui sait, peut-être que l'on verra le contraire et que la Kabylie deviendra démocratique, libre, riche et aussi une région où il fait bon vivre ?

Pourquoi veulent-ils absolument nous arabiser ? Les mosquées, autant que les appareils de l'État veulent tous nous arabiser. L'autorité n'est pas le résultat d'un rapport de force où celui qui l'emporte impose sa volonté. On ne choisit pas son identité, ni sa mère, ni son père et on ne peut pas les renier soi-même à moins d'être un petit renégat, lâche et ceux-là ne nous intéressent pas et la Kabylie ne les reconnaît pas. Toutes les paroles ne peuvent être tenues... mais peut-être aussi que toutes les caricatures ne peuvent être permises, n'est-ce pas ?

---

1 Une nation

Le droit d'expression est cher à tous les kabyles, mais cette liberté d'expression ne doit pas être à deux vitesses et qui veut le créer le désordre ! En arrivent-ils à adopter une attitude qui rappelle de sombres passages de notre Histoire ?

À priori, l'amalgame bien nourri qui voudrait que l'antisionisme soit de l'antisémitisme est impensable, à croire qu'il ne peut plus être permis de formuler la moindre critique contre un gouvernement, la loi est claire et donc pour tout citoyen, il doit être traité comme un délinquant, ce n'est plus un comique qui joue un personnage, mais un triste propagandiste politique diffusant une idéologie qui a déjà fait des milliers et des milliers de victimes.

Nombreux sont encore les kabyles qui n'ont pas assimilé dans leur conscience, le fait que l'islamisme est une menace de la disparition de la société kabyle. Quand vous comprendrez cela peut-être que le discours de beaucoup changera. Pour ce qui est du reste, les kabyles sont assez grands pour se faire leur propre opinion, une société progresse dans la contradiction et non pas dans le monolithisme bien-pensant.

En tout cas, toujours la même chanson ! Personne n'essaye de comprendre pourquoi Dieu a du succès, car c'est peut-être là la clef... en démontant les arguments ! Mais il faut tout de même essayer dans un premier temps de comprendre si l'on veut bien contre-attaquer sous peine que les attaques fassent flop... ce qui est le cas actuellement ! L'école, c'est d'abord un climat où l'enseignant est le catalyseur, ce climat permet d'apprendre, pas seulement à réciter, mais à comprendre. Le corps social actuel est déstructuré et le naufrage de l'école en est un symptôme évident. Donner une instruction donnant le goût de la lecture et pour cela une connaissance aussi approfondie que possible de la culture générale.

Apprenez d'abord à ne pas confondre exclusivisme et exclusivités. Ce serait très humiliant pour un polémiste novice avec une vague maîtrise des nuances. L'enseignement des religions doit se faire dans la langue historique de notre terre pour être comprise de tout le monde en Kabylie... Après, à chacun de faire son choix de manière libre ! À combattre toutes les exclusivités, dont l'arabo-islamisme, synonyme de conservatisme qui bloque le progrès et l'émancipation. La Mère au sens large du terme, peut être un homme pour nourrir et élever son enfant, elle lui apprend très vite à attendre, quelques minutes une tétée par exemple. Puis éduquer son enfant, c'est aussi apprendre à l'enfant à attendre, apprendre des règles pour un minimum de cohésion au sein de la famille. Un enfant au vocabulaire limité a peu de goût pour la lecture et cela devient une habitude positive.

À ne pas avoir tout ce dont il a envie tout de suite permettra à cet être en devenir de respecter l'Autorité, et surtout à ce qu'il devienne autonome. On connaît le double sens du mot « discipline » à la fois matière enseignée et ordre nécessaire à la transmission du savoir. Comment expliquer à ces enfants perdus que leur avis compte pour des choses banales, en regard de celui des bons auctores[2] ? qui proposeront de les couper d'un environnement létal pour les ramener à plus d'humanité.

---

2 Auteurs

Il faut une éducation fondée sur une morale stricte sans complaisance pour les déviances religieuses, condamner l'abattage rituel et cruel des animaux, par exemple. L'importance de l'école est, au cœur du régime républicain. C'est à elle qu'il revient de briser ce cercle et l'école doit opérer ce miracle de l'engendrement par lequel l'enfant, dépouillé de toutes ses attaches pré-républicaines, va s'élever jusqu'à devenir le citoyen républicain. La société républicaine et laïque n'a pas d'autre choix que de s'enseigner elle-même. Dans la société toute entière, la prise de conscience doit aussi être plus forte, il faut rompre avec le phénomène de groupe et la prise de conscience doit être quotidienne.

L'enseignement de la laïcité, de la morale et du fait religieux à l'école, doit être obligatoire. Avec des manuels bien précis, des outils pédagogiques adaptés : religions, histoire, géographie, arts, lettres, philosophie et sciences naturelles. La laïcité, c'est le droit de croire ou de ne pas croire, à condition de respecter les autres et qu'il n'y ait pas de troubles à l'ordre public. L'école publique au premier rang. Elle doit être à l'abri de tout prosélytisme, de toute influence ou de toute propagande en particulier à caractère religieux. La laïcité, c'est aussi le droit de s'exprimer comme on veut. On a donc le droit de critiquer les religions, mais dans la limite où l'on n'incite pas à la violence, ni à la haine.

Pour connaître et comprendre les contextes historiques et donner des instruments de réflexion, il faut faire en sorte que dans les écoles publiques, on enseigne l'histoire des religions, comment elles se sont construites, et ceci d'une manière neutre, indépendante. Il faut amplifier l'enseignement de la morale pour rappeler les règles de respect à l'égard des personnes et camarades d'école, des autres et de l'autorité. Et il faut un travail de pédagogie et d'explication à faire et qui doit commencer dès la rentrée d'école sur les limites de la liberté d'expression. L'école, ce n'est pas que de l'enseignement, il faut que ce soit aussi un lieu de vie et c'est là qu'il faut apprendre le vivre-ensemble dans la société. Il faudrait vraiment que les responsables en charge d'écrire les programmes prennent la mesure de la difficulté d'enseigner dans certains lieux. Comment transmettre le vivre-ensemble quand les élèves ne font plus l'expérience de la mixité sociale à l'école ?

Dès la première année de la rentrée, il faut expliciter les notions de droits et de devoirs, le principe de laïcité, qui doit être explicité, développé, montré, parce que la laïcité ce n'est pas l'oubli des croyances, ou un autre conflit avec les religions. Le système éducatif où il est devenu presque banal qu'un prof se fasse insulter sans qu'il puisse véritablement réagir, se laisser-aller qui règne ne doit pas exister dans n'importe quel établissement scolaire. L'éducation nationale a beaucoup d'enseignants de grande valeur, malheureusement le programme n'a aucune efficacité du savoir ; quand le fruit est pourri de l'intérieur, il n'y a plus grand-chose à faire, et des milliers de gamins ont déjà été formatés par l'angélisme du système éducatif, ils sont devenus des délinquants, des djihadistes.

L'école autoritaire va imposer sa volonté à tous les élèves sans exception, et sa mission est de transmettre le savoir et des connaissances, mais là l'école est morte, avec les programmes nuls, laxisme, démagogie, disparition de la culture, perte d'autorité, les absences excusées, inefficacité, etc. Mais bien souvent les parents aussi sont les premiers responsables de l'avenir de leurs enfants, il serait hautement souhaitable d'en rééduquer quelques-uns qui ont totalement démissionné de leur rôle parental ! Quand les profs n'ont pas d'autorité en classe, face aux élèves, face aux parents. Car c'est là en effet que se situe l'origine du mal qui ronge actuellement le lieu du savoir et la société.

L'enfant, c'est au sein de sa propre famille qu'il doit apprendre et s'appliquer, l'école n'est pas là pour faire le travail des parents. Les enfants expriment ce qu'ils ont entendu chez eux, il ne faut donc pas s'étonner que les jeunes qui se sont crus tout permis en arrivent à faire des assassinats, des djihadistes. Il ne s'agit pas de faire de l'enfant un roi tyrannique, mais de former un futur citoyen équilibré, capable de faire face à des situations diverses en se servant de son cerveau et non pas de ses poings ou d'une arme ! Réintroduire la discipline, revoir le contenu des programmes et les méthodes d'enseignement pour les rendre compatibles avec les exigences de demain, redonner le goût à l'effort, réapprendre les règles du savoir-vivre ensemble... En un mot préparer nos jeunes à la société dans laquelle ils vivront demain heureux et surtout capables de transmettre leur savoir à leurs enfants.

Nos enseignants, oublient que l'évolution de l'école algérienne est en étroite relation avec le développement, de leur formation qui est au point mort. Acceptons la vérité en face et mettons-nous à travailler pour le bien de nos futures générations et pour le bien de chaque élève. Le secteur de l'éducation nationale ne s'est jamais aussi mal porté depuis qu'il a été confié à des soi-disant professeurs de l'enseignement supérieur, ce temps où des générations d'enfants sont tout simplement sacrifiées au vu et au su de tous ceux qui gèrent le pays. Ils trouveront des solutions adaptées aux problèmes de l'école, ou juste pour réaménager leur emploi du temps, la recherche en éducation et en pédagogie, la réforme mise en œuvre depuis plusieurs années, l'éducation nationale de plus en plus faible.

C'est important de redresser la situation pour rendre performant ce système éducatif à la dérive, ils ne se sont jamais souciés du niveau des élèves et semblent même encourager la médiocrité ambiante. Certes, l'enseignement a été manipulé depuis l'indépendance ; sous des arguties politico-idéologiques d'époque et les dégâts causés furent lourds et durablement handicapants. Il faut des décennies pour redresser la situation, car ce corps qui devait drainer l'élite intellectuelle au départ, a fait tout le contraire.

Qu'attendez-vous de l'élève médiocre qui devient enseignant, sans parler des écoles normales d'instituteurs ou des universitaires ? Une vérité amère malheureusement que l'on doit accepter. Nous avions pu relever le défi dès les premières années de l'Indépendance avec l'aide de la coopération, le peuple n'a pas compris, le fait de ne pas avoir d'équipe pédagogique pour la constitution des programmes avec des suivis.

L'école a tenu le coup jusqu'à l'arabisation idéologique, improductive qui a maltraité l'école en général. Défendant leur identité Amazigh dans leurs propres fiefs, ils voulaient faire de nous sans respect « des arabes ». C'est comme si l'on n'avait pas de culture, de langue, d'idéologie, d'histoire, de morale, de qualités humaines. Il faut rétablir l'éducation civique qui disparut dans les années 70 à la place de l'éducation islamique à l'école. La religion doit être avant tout une question personnelle et ne doit pas interférer dans la vie quotidienne du citoyen, comme elle ne doit pas servir de fonds de commerce politique, à certains énergumènes à proprement parler ou tels et consorts. L'État non plus ne doit pas s'occuper de la "chose religieuse" à des fins de propagande pour asseoir son pouvoir. Il faut cesser de duper nos enfants avec des idées obscurantistes. Ce n'est pas de l'extrémisme, c'est une liberté de conscience, un choix.

La société civile kabyle multiplie les initiatives pour défendre la laïcité qui est une valeur ancestrale, la liberté de conscience incarnant le droit à la différence, qui est un droit élémentaire et inaliénable. Les kabyles tentent d'affronter le gigantesque mur de la peur ; dressé par le pouvoir et les islamistes depuis plus de 50 ans, ils se sont donné les moyens d'une mobilisation pour faire sortir la population de ce gouffre arabo-islamique, qui n'obéit à aucune logique rationnelle en dehors de celle des lois islamistes.

Quant aux médias télévisés ou la presse, ils doivent interdire d'antenne ces charlatans bornés, que l'on nous présente à longueur de journée comme des "Oulémas"[3], qui endoctrinent nos enfants avec la culture de la haine. Notre pays, la Kabylie, doit retrouver sa quiétude de jadis pour avancer sur le train de la modernité, du bien-être, du savoir-vivre et de l'émancipation de notre société. Nous conjuguons nos efforts dans l'école publique, privée, pour parvenir à une culture civique et contre la manifestation de l'intolérance. Il faut retirer la religion de l'école et cela ira mieux. Les universitaires, les hommes de culture et les journalistes à s'impliquer pour combattre les autres

---

3 Savants

idéologies, il faut que la religion reste dans le temple.

La seule chose, il faut que l'on se mobilise la main dans la main, le moment est venu, il faut qu'on les arrête, toute la population doit se mobiliser pour empêcher dans les quatre coins de la Kabylie la construction de la culture de l'ignorance ; c'est très différent de ce qui s'est passé, dit que cette remontée de l'antisémitisme est un problème majeur et c'est urgent, sinon tôt ou tard nous deviendrons des Aborigènes de la Kabylie. Des illettrés se reportent en fin de scolarité et constatent qu'il y a des décrochés ! Tous les plans qu'ils complotent contre la Kabylie et les kabyles vont se retourner contre eux, l'union fait la force. Ce n'est pas parce que beaucoup des jeunes qui sont souvent au chômage, qui vivent dans des conditions très difficiles, qui sont mal intégrées, n'ont guère le choix finalement qu'entre le nihilisme et le fanatisme.

Ils n'ont pas encore compris que la religion si elle est sincère ne doit pas être un porté étendard et servir de propagande, la foi doit rester privée et chez soi, la radicalisation de certains jeunes, est-ce que c'est parce qu'ils n'ont pas de projet de vie qu'ils choisissent un projet de mort ? Donner à ces jeunes des valeurs, des idéaux et cela suppose un combat idéologique. Et c'est, entre autres choses, le devoir des intellectuels, de mener ce combat des idées.

Ce qui est révolte aujourd'hui, c'est ce système qui gouverne l'Algérie depuis 1962 à occulter cette période des royaumes berbères, qu'on n'enseigne pas dans les écoles. Un mépris pour notre histoire, alors que l'on a des grandes figures historiques comme, Massinissa, Jugurtha, Koceila, Kahina etc. L'histoire de notre pays a subi un double déni : piétiné par la France coloniale pendant 130 ans et après par les propres enfants de l'Algérie depuis 1962. Vous allez être surpris par les découvertes du passé des berbères en Afrique du Nord, enfoui dans les bibliothèques chrétiennes, à cause du donatisme de l'église de Carthage. Il est temps que l'on réhabilite notre histoire vieille de plus de deux mille cinq cents ans.

Le régime, utilise toujours cette combine à promettre des solutions aux problèmes qui le gênent, quand il se trouve le dos au mur comme c'est le cas en ce moment. Parlons pour qu'il officialise le tamazight, s'il veut vraiment reconnaître cette langue, enfin ce qui est indéniable, à savoir le droit des berbères de vivre leur propre identité sur leur propre terre.

Le message qu'il faut transmettre à travers tout le pays, c'est de maintenir cette tradition orale, à nulle autre pareille, en encourageant toute future maman kabyle qui maîtrise encore le berbère à le transmettre à sa progéniture tel un trésor inestimable ! Dans 10 ans, vous aurez des enfants surdoués ouverts sur le monde de demain, pas des zombis qui rêvent d'un paradis virtuel, et surtout d'appeler État fantoche Algérien à faire quelque chose pour le tamazight. Le constat est amer mais lucide. Le tamazight est menacé de disparition et peut-être en affirmant même que sa disparition est programmée. Alors, il ne faut pas trop se faire d'illusions, sur une réelle volonté, d'un pouvoir corrompu, pour faire la promotion, de quoi que ce soit.

Nos enfants accueilleraient plus facilement la langue de leurs ancêtres, sans pour autant dédaigner les autres langues. Sans oublier, enfin que cette démarche progressive ne saurait se dérouler sans la décision immédiate d'inscrire dans notre constitution la langue Amazigh comme langue nationale et officielle. Mais quel est l'intérêt d'imposer à tout un peuple une langue qui nous vient à des milliers de kilomètres de chez nous, sachant que l'invasion arabe du 7ème siècle est bien terminé.

L'Afrique du Nord, qui a subi une profonde influence, lors d'invasions et de conquêtes qui durèrent plusieurs siècles, depuis l'époque préhistorique jusqu'à notre Indépendance. Des conséquences que nous payons encore aujourd'hui, par la dévastation du pays par ces bnou-Hillal[4] en brûlant tout sur leur passage, dont la raison qu'il n'y a pratiquement plus d'écrits sur notre passé historique, dont l'amnésie de l'ensemble des Africains du Nord en général.

Nous devrions nous montrer pragmatiques en, adoptant l'alphabet le plus pratique, soit l'alphabet latin, à l'instar des pays les plus avancés dans le

---

4 Tribu arabe

monde, et seuls à même de conduire la langue Amazigh sur la voie du progrès dans tous les domaines, notamment scientifique et technologique. Ainsi, la langue Amazigh pourrait-elle devenir attractive, auprès de nos enfants, au même titre que les autres langues écrites en alphabet latin, telle que le français, l'anglais, l'espagnol, l'allemand etc. Alors, le dépeçage territorial de la Kabylie, les incendies de ses oliviers, de ses forêts, l'arabisation forcenée, l'encerclement et l'occupation militaires de son territoire, le recrutement de repentis terroristes islamistes pour inculquer l'intégrisme à nos enfants, l'accord secret, entre les autorités et les islamistes de faire de la Kabylie un terrain d'entraînement et de déchaînement de la violence, de l'insécurité avec rackets, enlèvements, faux barrages. Le mieux, c'est de revenir à nos valeurs ancestrales, nos aïeux, ils ne nous feront pas de cadeau, sinon pour nous empoisonner en déstructurant notre mode de vie. Celui qui ne connaît pas son histoire, piétinera son avenir. Nous sommes à un tournant historique de l'histoire de l'humanité.

En attendant, que tout cela se décante et prenne corps, personne n'a le sublime message éternel lié à un passé ; qui a cependant apporté aux hommes consolation et espoir dans les moments difficiles de leur existence. Deux mille ans de pogroms, de spoliations, de massacres, certes pas continus mais récurrents, cela marque l'histoire d'une communauté. Résumer les souffrances des kabyles, à la seule abomination de l'islamisation est malheureusement très réducteur, mais tout bien réfléchi, plus on interdit, plus cela donne envie de le faire. Vous allez faire augmenter le courage pour ceux et celles qui cherchent du vrai changement. Et on se demande si ceux qui nous gouvernent, ne le font pas exprès pour faire oublier leur incapacité à gouverner correctement. Il faut bien amuser le peuple, pour faire oublier ce qui est important. Le pays va à la dérive, mais on chipote sur des conneries pareilles ! L'Algérie régresse, nous ne sommes plus que l'ombre de nos lumières. Allez écouter une sourate, cela vous fera baisser la tension. Des promesses idylliques ou des tourments terribles purgés dans un lointain au-delà, à tenter de supplanter le pouvoir politique. Pour mieux occulter les augmentations de la vie et le chômage... qui devaient diminuer, mais que les médias oublient de signaler, à tout niveau et aux yeux de tous, il n'y a que pour ce gouvernement que vous remuez. Le lamentable résultat sur la vie des citoyens... le cumul des mandats... la proportionnelle...

Tout ce temps perdu à essayer de manipuler le peuple, cela va vous mener où ? Se foutre de toute la population, va vous coûter très cher et pour tout le monde, car si délit il y a la complicité, de tous les énarques sont de fait avéré. Une chose est sûre, c'est que le peuple devra utiliser la force pour en finir avec ce système manipulateur, mis en place par ses propres ennemis pour piller l'Algérie et les algériens. Si nos politiques ne font rien, cela veut dire qu'ils sont tous dans le même panier. Réfléchissez-y avec vos mensonges et vos manipulations. Des incitations à la haine, remémorez-vous ce qu'ont vécu vos aînés, cela est intolérable. Au lieu de tout, pensons à faire un monde meilleur, il y a bien d'autres choses à améliorer, étrangement, souvent, c'est à l'approche des élections... et étrangement, c'est soi-disant, pour protéger une tranche de la population dont les élites financent gracieusement les campagnes... Pas pour rien, que nous ayons des réponses de tous les bords politiques. L'État a raté tous ses objectifs, il décide après 50 ans de manipulations de faire une politique bidon, il décide après une campagne fondée sur le mensonge et l'insulte une photo du président qui a fait la une, que le peuple a été choqué, par la situation lamentable du président, mais cela fait des mois que tout le peuple sait que le président est malade et incapable de continuer de gérer ce pays, le peuple a l'impression seulement qu'il voulait avoir la tête de Boucha sans plus! De toute façon ce n'est pas lui qui dirige le pays, qu'il soit là ou pas quelle importance ? Cela a toujours été l'armée qui dirige le pays, les généraux et autres manipulateurs se cachent derrière un soi-disant Chef d'état bon, on a compris ! On le sait depuis belle lurette que l'on est dans un pays à deux balles pour ne pas dire autre chose ! Alors, arrêtez de nous déprimer encore plus ou diversifiez un peu plus vos sujets.

Les arabes meurent sur le siège du trône, maintenant, ils ont inventé la monarchie républicaine, après les vacances du pouvoir, leur fils ou frère leur succéderait au pouvoir. C'est cela qui bloque véritablement le changement de leur démocratie, ils veulent mourir au pouvoir juste pour s'en mettre plein les poches.

On ne peut plus éloquent et plus juste à son époque comme de nos jours : trop de parâtres exclusifs ont écumé notre patrie, trop de prêtres de toutes religions, trop d'envahissements de tout acabit se sont donnés pour mission de dénaturer notre peuple, en l'empoisonnant jusqu'au fond de l'âme, en tarissant ses plus belles sources, en proscrivant sa langue et ses dialectes, et en lui arrachant jusqu'à ses orphelins.

Les nouveaux textes de loi portant protection de la femme contre la violence étaient récemment en débat à l'APN[5]. La société algérienne est à la croisée des chemins, malheureusement, la première victime c'est la femme. Elle est tout le temps soumise et patiente, elle résiste, elle lutte, elle subit au

---

5 Assemblée Populaire Nationale

quotidien. L'homme algérien est devenu le premier ennemi direct de la femme, dans tous les milieux, au travail, à la maison, dehors… Et pourtant, la femme est très compétente et elle est utile pour la vie ! La violence envers la femme n'est autre que la suite logique de l'éducation donnée à leurs enfants. Dans la société arabo-musulmane, le garçon est roi, mais la fille n'est même pas considérée et surtout elle n'a pas droit à la parole. Les islamistes se sont montrés, à l'occasion des débats et du vote du projet de loi pénalisant les violences faites aux femmes. La nouvelle loi pénalise également les violences et le harcèlement sexuel, ainsi que toutes les formes de harcèlement dans les lieux publics. La loi contre les violences faites aux femmes a été votée dernièrement, à l'Assemblée Populaire Nationale. Cette loi concerne la place de la femme dans la société. Il reste encore des injustices à réparer comme celles de l'inégalité dans l'héritage, selon cette loi qui va donner le choix aux hommes, pour régler les affaires de famille. Ils ont proposé la création de "comités de pardon" et la désignation de "médiateurs de la réconciliation" pour traiter des cas de violence contre le conjoint. Le gouvernement a pris le risque de signer une loi pour la répression de la provocation féminine. Les députés islamistes, ont boycotté la loi amendant le code pénal, portant de nouvelles procédures inhérentes, à la protection de la femme contre les violences physiques et morales. Ils ont même tenté de faire pression sur le gouvernement pour qu'il retire ce projet de loi, qu'ils qualifient de « contraire aux préceptes de l'islam ». Le masque des islamistes est tombé. Maintenant, on sait qu'ils veulent tabasser les femmes, les violer, les insulter, les affamer, voire les tuer. Leur haine pour les femmes et la différence est sans limites.

À leur avis, cette loi est une menace pour la famille algérienne, et ils pensent qu'il ne devrait même pas y avoir de débat autour de la question. Ils pensent, que la protection de la femme contre les violences, n'est aucunement en contre tradition avec les préceptes de l'islam ; ils sont pour la domination des femmes par la force. L'intégrisme ne s'est pas contenté de former les vigiles qui les terrorisent sur la voie publique, dans les transports en commun, sur les lieux de travail et même dans les lieux institutionnels. La femme islamiste, pense que ce sont les femmes "mal habillées" qui sont auteures de violence contre les hommes. Projet de loi contre les violences à l'égard des femmes : l'APN[6] dit « oui » malgré le refus des islamistes, le texte a été validé grâce à certains partis démocrates, mais ce n'est pas avec un parlement pareil que l'on peut régler ce problème et il est assez urgent, de placer des institutions afin d'assurer le minimum de protection pour les femmes, et soumettre à la société civile le sujet pour en débattre. La société a ses spécificités très mosaïques à tout point de vue, car il y a plusieurs peuples avec des cultures très différentes. Cette loi, même s'il elle est qualifiée d'une amélioration formidable, elle est considérée comme insuffisante par les associations de défense des droits des femmes. Frapper la femme pour la corriger ou l'éduquer n'a aucun sens, c'est une réaction de violence générée par un sentiment de frustration que l'homme endure.

---

6 Assemblée Populaire Nationale

En fait, de manière plus globale, ces gens-là sont les ennemis de l'humanité et les ennemis de la vie. La violence reste une plaie béante dans la société. Les islamistes, après avoir verrouillé tous les espaces qui permettent à l'amour et aux esprits de s'épanouir, sont devenus comme des animaux sans cerveau et qui agissent par instinct, dès qu'ils voient une femme en tenue "provocante". Les députés islamistes bien sûr, accusent les femmes d'être à l'origine de l'amplification du harcèlement dans la vie quotidienne, ils veulent préparer la société pour appliquer les lois islamiques, au détriment des lois de la République. Ces lois qui sont faites pour le peuple ne sont pas les mêmes que celles des dirigeants, ces lois sur la façon de s'habiller font l'affaire des bazars turcs, syriens et de Dubaï. Cela doit être un groupe de pression, avec des hidjabs et kamis, pauvre pays tant qu'il y'a des imbéciles qui pensent ainsi ! Cette loi ne suffit pas à protéger les femmes vu les intimidations, les viols, les agressions sans parler des mariages forcés. Le problème se trouve dans les mentalités. Le jour où l'école et la religion seront entre les mains d'hommes et de femmes capables, ce jour-là, l'injustice cessera. La loi aussi dure soit-elle, ne changera rien. Il n'y a pas de secret, la solution est dans la mobilisation et dans l'éducation.

Mais d'un côté, la femme, pour arracher sa liberté, s'est sacrifiée et a accepté de se voiler afin de gagner le minimum de respect et pouvoir travailler, prendre le bus, etc... sans qu'elle se fasse harceler par une société violente. La nouvelle mouture, fruit d'un long combat, n'a pas les faveurs des islamistes. La violence à l'égard des femmes est presque culturelle. Les femmes algériennes ; en général mettant cet habit arabique pour acheter le respect, dans un milieu machiste sans pitié et enfermer dans ses idées obscurantistes des âges très lointains, oui, les mentalités sont figées aux siècles médiévaux. Voilà où nous mènent l'obscurantisme et l'ignorance. Accepteriez-vous de voir votre propre mère battue par votre père? Cette attitude n'est malheureusement pas typique à l'Algérie.

Ce qu'il faut penser est : est-ce que, d'autres nations plus avancées vivent le même problème à moindre échelle, à la différence que celles-ci prennent tous les moyens pour le dénoncer tout en essayant de l'éradiquer. Apprenez à dialoguer, faire valoir vos points de vue dans le respect de l'autre, sans avoir à brandir le poing aussitôt, que vous commencez à manquer d'arguments.

Les hommes, ne respectent pas leurs femmes, à cause des lois qui mettent ces dernières dans une position inférieure. Il y a de quoi désespérer, car on peut juger le niveau du développement intellectuel d'une nation par le niveau des débats qui y ont cours. On ne peut pas rester dans le giron de l'islam et en même temps jouer les hypocrites, en faisant croire que l'on combat pour les droits de la femme. Ces incultes d'envahisseurs arabes, sont très étonnés de voir les femmes dans la politique et dans le combat démocratique, c'est une chose invraisemblable chez eux où les femmes n'ont aucune existence à leurs yeux, mis à part pour satisfaire leurs désirs. La femme kabyle n'a plus rien à démontrer, elle est très compétente, elle a fait des guerres, a travaillé depuis toujours à la maison et à l'extérieur, elle est plus résistante. Il ne faut pas confondre la place de la femme dans son foyer et la place occupée dans sa société.

Le législateur algérien a attendu plus de trente ans après l'indépendance pour adopter un code de la famille et avec des modifications qui n'apportent presque rien aux droits des femmes. Le peuple avec trois mosquées par village, se dit le paradis assuré pour l'éternité. Des mosquées à la place des usines, c'est mieux... Vaux mieux vivre bien sous terre que sur terre, sur terre, c'est dérisoire alors que sous terre, c'est l'éternité, c'est comme cela que la clique conçoit la vie du peuple endormi. Et même éveillé ne voit rien que du feu de l'enfer.

Parlant du feu, toutes les forêts des oliviers et autres arbres brûlés et toutes richesses détruites en même temps que sa population, arabisation et islamisation à fond, et délaisser les vérités de la vraie langue et culturelle du pays, c'est ce que l'on appelle marcher à côté de ses pompes. Les islamistes ont été créés par ce même pouvoir qui est en place, pour les utiliser contre le mouvement berbériste, toutes les intellectuelles kabyles ont été assassinées par le Pouvoir militaire. Car ils font partie de l'élite, cette catégorie qui est appelée à contribuer à la construction de l'état de droit et démocratique. En Kabylie, plusieurs mosquées sous la tutelle de la direction des affaires religieuses, dont la majorité est contrôlée, dirigée par des faux imams illégitimes, virtuels, sans niveau d'instruction ni diplôme avec la complicité des hautes autorités religieuses qui ferment les yeux.

En Algérie, l'islam est religion d'État. Et cela, c'est la constitution qui le dit, sans aucune ambiguïté. Certains lieux de culte sont transformés en succursales de propagande et d'endoctrinement des salafistes radicaux, qui sévissent en toute impunité au su de tous !

Cet islamisme en Kabylie est un véritable danger pour toute une génération, mais les autorités, cela les arrange parfaitement. Les extrémistes religieux sont une réalité absolue qui prend de plus en plus de l'ampleur, ces prédicateurs de haine lancent des fetwas[7] malveillantes haut et fort. Normalement la tâche des politiques est d'assurer la paix sociale et de faire respecter les lois,

---

7 Discours religieux

toutes les lois. Il n'y a pas à considérer la religion des individus. Elle ne donne ni droit ni obligation particulière.

La politique des dirigeants arabes, leur système est pris de panique, alors ils ont mis au-devant de la scène le baroudeur de l'équipe pour rabâcher au peuple encore et encore la main de l'étranger. Les prédicateurs arabes et islamistes opérant sans cesse en Algérie, par la télévision théologique saoudienne Ikra[8], appelle au meurtre des kabyles démocrates et laïcs qui sont un peu partout dans le monde, sans pour autant que le gouvernement algérien ne dise un mot, et sans parler de l'identité Amazigh qui est franchement combattue dans le contenu des manuels scolaires, qui réservent davantage de thèmes aux pays du Proche-Orient et à l'éducation islamique. Le but est clair ; faire de la Kabylie un pays arabo-islamique par l'éradication de tout ce qui ne rentre pas dans le moule de cette idéologie islamiste.

De nombreuses agressions, intimidations, menaces ont été enregistrées un peu partout en

---

8 Lire

Kabylie contre les jeunes filles qui ne portent pas la burka et aussi pendant le ramadhan ces islamistes font leurs lois contre les non-jeûneurs sous le regard de l'autorité ! Ce sont ces mêmes impérialistes aujourd'hui, qui ont décidé de remodeler le monde de nouveau, à leur guise et ce sont eux, qui font saigner la planète avec leur ruse et manipulations diaboliques.

Nos responsables politiques, doivent rétablir l'autorité et veiller à la stricte application concrète des lois plutôt que toujours en inventer de nouvelles pour faire plaisir à telle ou telle religion. Des intégristes islamistes intolérants qui rêvent de nous ôter notre liberté, notre tolérance et surtout notre ouverture sur le monde, pire encore, énormément d'algériens pensent beaucoup de mal des kabyles.

C'est le même scénario, chaque année…à chaque occasion, perquisition dans un café dans l'une des régions en Kabylie, agression contre un non-jeûneur dans la rue, lieu public ou encore à la plage…! Des policiers zélés avaient investi violemment, les villages, les quartiers, un estaminet où se trouvaient des citoyens non-jeûneurs qui consommaient leurs cafés à l'abri des uns et des autres. Les galas en plein air ont été purement et simplement annulés suite à l'intervention des salafistes avec la bénédiction de l'État arabo et raciste, qui pratique une politique coloniale criminelle envers les peuples Amazighs en général et, au vu de l'actualité en Kabylie ! Mènent une véritable guerre contre le peuple du Fils du pays, en assassinat en toute impunité ses citoyens, en détruisant ses citadelles centenaires ainsi que l'ensemble du patrimoine des imazighen-berbères, y compris les mausolées et les cimetières et ce, afin de déloger ce peuple du territoire de ses ancêtres.

Ces nouvelles mosquées, sont devenues des lieux de rencontre pour les faux croyants et servent surtout à endormir la jeunesse patriotique ; avec un paradis virtuel ! Le vivre-ensemble, mais comment ? Nous devons céder et accepter leurs délires où est-ce à eux d'accepter enfin notre institution et notre mode de vie ? On ne peut vivre ensemble avec des fanatiques qui refusent de vivre comme nous l'avons toujours fait. À eux de s'adapter à la culture kabyle et à ses coutumes. Mais, l'État algérien ne veut pas prendre au sérieux les agissements de ces barbus en veuille, un repenti doit respecter scrupuleusement les clauses, sinon la prison, s'il s'avère être de mauvaise foi, sans attendre qu'il nous mette le feu dans la poudrière.

Ces derniers temps on voit de plus en plus, le régime arabe et terroriste s'acharner sur la Kabylie et les kabyles, il utilise tous les moyens pour nous faire disparaître de la terre. Ces mosquées sont financées directement par l'Arabie maudite et l'argent public et non par les âmes charitables, bien qu'ils tentent de nous persuader du contraire les jours du marché. Aujourd'hui, la Kabylie subit plus que toutes les autres régions le poids de cette Algérie qui n'est pas juste.

Cette prétention de la liberté et de la raison à incarner un idéal, a-t-il à opposer aux religions un vrai progrès humain, culturel, moral, de civilisation ! Et l'islamisme n'est-il pas dans son totalitarisme un refus confus, violent d'un progrès qui n'en est pas. Les institutions de la République en général, leur mode de vie est perçu comme mauvais et attentatoire à la vraie religion. Il serait plus efficace de partir de l'enseignement des lois. Si l'on enseigne ce que la loi autorise et ce qu'elle interdit, tout est dit et clairement dit. Cela, dès l'école primaire. Celui-ci prospère dans des territoires sociaux qui échappent au contrôle de l'État, c'est sur ce terrain-là que les salafistes agissent. En l'absence de solution politique. La laïcité y est érigée en dogme, et cette dérive de la laïcité entraîne un gros malaise politique. Ces pauvres gens sont devenus comme des machines à exploiter !

Le pouvoir algérien continue sa guerre d'usure féroce, contre la population kabyle et confirme chaque jour de plus sa politique d'apartheid, en mettant en place les tribunaux d'inquisition, pratiquement depuis l'Indépendance subit les crimes de l'apartheid et de l'épuration ethnique, sans relâche et inlassablement par le pouvoir algérien, en place en raison de leur identité Amazigh.

Cet État fait vivre les kabyles dans l'insécurité totale et en suspens permanent, un véritable cauchemar au quotidien, à tout moment il court le risque d'être tué sauvagement, brûlé vif, et agressé sévèrement, ses biens pillés, ses terres incendiées. Ce régime a érigé l'islamisme qui est en doctrine d'État, qu'il inocule insidieusement dès la petite enfance ; à travers ses programmes scolaires. L'école algérienne forme que des militants intégristes mythomanes.

Le danger guette en permanence les enfants, qui les font plonger dans la culture de la violence, radicalisme religieux, l'assistanat et parfois la haine. Le problème n'est pas récent. Tous les islamistes sont pour l'Islam État, donc applications de la charia[9] diverse et souvent contradictoire et le peuple kabyle est un peuple qui ne demande qu'à vivre normalement. Le problème des islamistes a été le prétexte de la prise de pouvoir par l'armée.

C'est grâce aux jeunes démocrates ; que la Kabylie sera toujours le pays de la liberté, de la paix et de la progression. Après la révolution civile, les islamistes ont voulu faire de l'Algérie un nouvel Afghanistan, les kabyles ont combattu fort et dur en descendant dans les rues, pour faire face et barrage aux islamistes, qui jusqu' à maintenant représentent

---

9 Mélange des versets du Coran et des Hadiths

une menace pour la liberté. C'est une marque de grande intelligence, les kabyles ont tout compris, on n'est plus au Moyen-Âge et on peut être croyant sans entrer à pieds joints dans un fanatisme infâme. Un peuple non soumis qui manifeste dans la rue, tous les jours, contre la dictature des politiques et les islamistes.

Ce sont des gens qui ont une éducation et une culture très évoluées. Il faut continuer à rester vigilant, très vigilant pour ne pas se faire avoir par les islamistes et la langue arabe avec leurs contradictions... Personne n'a le droit d'obliger quelqu'un à croire en ce qu'il ne croit pas et au même titre que personne n'a le droit d'empêcher quelqu'un de croire en ce qu'il croit. La religion est une question personnelle, rien ne doit interdire à qui que ce soit de respecter son culte en respectant celui des autres.

Beaucoup de personnes ne sont pas musulmanes en Algérie où carrément athées, mais n'ont pas le droit à la parole, et parmi ces personnes, il y a des intellos, des artistes… quand quelqu'un refuse votre différence sans même qu'il la connaisse et va jusqu'à vouloir vous imposer ses visions avec de la violence visuelle. Pour l'instant, nous n'avons que le moyen de nous élever contre notre destruction programmée et orchestrée par des forces pas si occultes que cela, c'est ainsi que nous avions toujours vécu en Kabylie, avant l'avènement de l'islamisme politique, qui est cet islam venu d'ailleurs, qui est en train de tuer la culture kabyle !

Tous les kabyles devraient s'y mettre. Comment ne se rendent-ils pas compte qu'il s'agit de leur survie en tant que peuple libre, responsable et soucieux de son devenir ? La Kabylie fait l'objet d'une politique d'apartheid déjà. Par conséquent, elle n'a plus rien à perdre en se séparant de l'Algérie qui n'appartient plus aux algériens, mais au clan d'Oujda. Cette mafia s'est alliée à l'arabo-islamisme et aux puissances étrangères et pille sans vergogne les ressources naturelles, nous sommes un peuple qui a une histoire, des mœurs, une langue, une terre commune. Les kabyles sont en mesure de se prendre en charge, sans aide extérieure. Nous avons suffisamment des capacités, pour former nos futurs cadres de l'enseignement.

Le Fils du pays continue sa mission, celle de la libération du peuple kabyle ; qui servira comme exemple à d'autres peuples Amazighs, la lutte continue. Son message véhicule le combat des peuples Amazighs. Le Fils du pays, n'appartient pas uniquement au peuple kabyle mais, à tous les peuples qui se revendiquent Amazighs, il représente toutes les voix de ces opprimés. Et il est aussi comme un repère, un espoir et une fierté. Il a réussi à redonner confiance aux peuples Amazighs et en particulier au peuple kabyle dans les moments les plus difficiles. Le Fils du pays, mène un combat très déterminant, il le fait avec conviction pour arracher l'indépendance de la Kabylie des griffes du régime algérien.

Il a eu une longue vie de combat, et celles et ceux qui l'aimaient savaient que son combat était juste, qu'il leur fallait accepter son départ en exil. De son histoire, chacun retient la substantifique moelle. Mais les mots qui s'entrechoquent d'un bout à l'autre de la planète ne seront que des mots ajoutant au tohu-bohu du monde. Les mots de respect et d'admiration sont les mêmes dans chaque région de sa Kabylie. Dans son parcours de militant, le fils du pays a démontré une humilité et une droiture irréprochables, dans ses engagements et ses actions au service de son peuple.

À nous de garder vivant l'esprit de liberté et nous conduire vers une nouvelle société. Le Fils du pays, a été capable de faire de plusieurs peuples un seul peuple ! Le chef-d'œuvre du Fils du pays doit être fortifié et poussé en avant pour compléter l'union indissoluble de tous les peuples opprimés. Ce genre d'hommes nous rassure en nous montrant la voie à suivre et nous réconcilie avec le monde et nous-mêmes, en nous rappelant que les gens bien existent. Et il le pense, lui, qui a écrit être libre, ce n'est pas seulement se débarrasser de ses chaînes, c'est vivre d'une façon qui respecte et renforce la liberté des autres. Il a fait abolir l'apartheid et instauré la démocratie dans les cœurs de son peuple.

Le Fils du pays, a été déçu de constater que ces années ne les rendaient pas tellement différents du dernier cul-terreux de nos villages, là-bas dans nos montagnes les plus reculées, pour qui tout dans la vie n'est qu'une affaire de morale. Si encore ils pratiquaient réellement ces vertus morales qu'ils invoquent à tout propos, on les suivrait volontiers. Beaucoup sont ainsi dans nos villages ! Les connaissances qu'ils acquièrent ne les modifient pas foncièrement. Si bien que leur étude n'a pas d'impact fort sur leur milieu familial, social et culturel, lequel renforcé par les indéracinables valeurs de la tribu fossilisée, gardent toute leur supériorité sur leur façon d'être, de vivre et de penser.

Des siècles et des siècles d'oppression, de persécution, d'exploitation, de meurtres, de destruction et de falsification ont dépouillé ce peuple « redoutable et nombreux », c'est quand même fou : tant de potentiel, d'intelligence, de force, et pourtant, tellement incapables d'être eux-mêmes avec leurs langues, dans leurs terres. Les kabyles ont un potentiel énorme, mais ils l'utilisent pour se réprimer, déjà au-dedans d'eux-mêmes, et pour ensuite donner ce potentiel à leurs geôliers qui les répriment et les maintiennent en état de dépendance. Des promesses inouïes, toutes insultes au bon sens et à l'entendement, pour faire des jeunes kabyles des êtres refusant à jamais de se prosterner, c'est un phénomène qui a pris une ampleur inimaginable en Kabylie.

Dans le cas d'un très fort pourcentage de musulmans aux prochaines élections, comment réagira l'armée ? À la différence d'un pays voisin où le statut de la femme est une des bases fondamentales du passage de la démocratie, les femmes en Algérie, et un peu partout en Afrique du nord ou ailleurs, sont encore sous le joug islamique et coutumier. Le pays voisin est le pays du Proche-Orient qui possède le plus grand nombre d'universitaires dont un grand nombre de femmes, après 30 ans d'humanitaire et une désertion pendant la guerre d'Algérie.

Et tout l'Occident qui continue de croire à la démocratie africaine ! La démocratie comme celle qui est en Algérie a donné la victoire au FIS[10], élections que l'on a dû annuler ou celles qui ont porté le Hamas au pouvoir en Palestine ? La démocratie contre la démocratie. La démocratie

---

10 Front Islamique du Salut

n'est pas exportable en dehors de l'Occident ou des pays occidentalisés. Le peuple a du mal à croire les sous-entendus qui disent qu'ils vont prendre le pouvoir, refuser de les laisser participer ne feront que renforcer la partie dure, car il n'y a pas que du mauvais dans le mouvement, ne leur prêtons pas plus de pouvoir qu'ils n'ont en rien à faire… c'est justement démocratique de les laisser s'exprimer, sans cela… belle arnaque ! On attendait l'opposition démocratique au pouvoir, on va se retrouver avec une théocratie… Quel serait l'avenir des minorités telles que kabyles, coptes et autres. Quel apaisement espéré, entre l'Occident et ce type de société ? Faudra-t-il attendre quelques siècles encore pour qu'un pays arabe apprenne une démocratie tolérante et ouverte ?

Pourquoi, en Algérie, vous emprisonne-t-on pour le simple fait qu'un policier citoyen vous trouve en train de lire l'Évangile alors qu'en France ou ailleurs on laisse construire plus de mosquées que d'Églises ? Et, pourtant, il n'y a que quelques centaines d'étrangers qui vivent et travaillent en Algérie y compris les chinois ; on ne croit pas qu'ils observent le jeûne. Ou qu'ils soient encore convertis ! En quelques jours, nous avons vu des salafistes attaquer une église à Fréha pendant le mois du Ramadhan.

N'est-il pas temps, que les algériens arabes et musulmans réalisent que cette terre d'Afrique du Nord a été le berceau du christianisme pendant presque dix siècles. Encore mieux, ce sont les chrétiens d'Afrique du nord qui ont marqué par leur génie l'Église, des premiers siècles dont l'apport théologique ne faiblit pas encore aujourd'hui. N'est-ce pas Simon de Cyrène, le Libyen, qui a aidé Jésus à porter sa croix ?

N'oubliez jamais votre identité, coutumes et traditions ! L'Algérie a raté le virage de la modernité, elle se replie chaque jour dans l'archaïsme, l'obscurantisme et le totalitarisme. Le terrorisme, et la propagande par l'action : on devient débiles, idiots, cons de jour en jour. Les pays voisins profitent bien de leur tourisme, et qui fait le charme de leur pays. L'Algérie en devient aux yeux du monde un pays arriéré, d'incultes, d'intolérants.

En Kabylie, depuis la nuit des temps, nos parents, nos grands-parents et même nos arrières-grands-parents sont restés très laïcs et chaque village à une mosquée en bonne et due forme. Mais à l'heure actuelle quelle est la nature de cet islam nouveau et importé ! Il ne faut pas faire ceci, cela. Il faut mettre une gandoura avec une barbe, une burka, etc. La question de la liberté de culte et de conscience a réinvesti le débat public, notamment à l'occasion d'une série d'arrestations opérées par la police. À défaut d'assurer la sécurité des algériens, on s'occupe de terroriser les jeunes kabyles, c'est plus facile.

Le gouverné par une momie usurpatrice. Et de toute l'injustice subite par la Kabylie, depuis la nuit des temps, par ce pouvoir mafieux, et le silence complice de ces soi-disant moralisateurs. Personne n'a osé dénoncer, même du bout des lèvres, l'injustice subite par la Kabylie, et les assassinats récurrents de ses enfants. Mais il a suffi que des jeunes kabyles n'observent pas le jeûne musulman, en public, pour que des voix s'élèvent à une vitesse foudroyante, pour dénoncer ce sacrilège. Il y a trop de partis pris dans cette analyse, qui désignent et se focalisent sur un seul et unique bouc émissaire pour faire la diversion sur son alter ego.

L'islamisme politique et tout ce qu'il engendre comme atrocités, crimes fascistes et barbares contre ce peuple kabyle. Ce qui a fait dire à certains que l'Algérie nouvelle est prise en étau entre la "peste" et le "choléra", tout est-il à refaire à zéro en Algérie, à commencer d'abord par le peuple ! Le problème de notre Kabylie provient de la religion musulmane et de l'arabisation qui va avec...

Il y a une frontière très claire, une barrière infranchissable entre le peuple et les gens du pouvoir. Le peuple n'habite pas dans les châteaux d'Alger, ni dans les villas de Tipaza, Sidi Fredj ou autre. Le peuple ne va pas à Ain-Naâdja pour se soigner. Et les enfants du Fils du pays, n'ont pas le bras long mais, que des bras courts qui ne leur servent à rien puisqu'ils constituent la cohorte des chômeurs.

Ce régime s'est fait armer dès 1962 par l'Égypte, a recruté des mercenaires algériens à gogo, s'est emparé des richesses souterraines. Les imazighens, toujours terrorisés par les autres, qui veulent leur part. Le pétrole en Algérie appartient à quelques personnes, le reste du peuple est conditionné à faire le commerce à la sauvette, sinon vendeur de drogue et aussi chômeurs à durée indéterminée... Et en plus le peuple dit toujours « tout va bien, hamdoulillah[11] ! ».

Enfin, la construction, que dire de la construction en Kabylie ? Que dire des coopératives ? C'est monstrueux, personne n'en parle, mais nous n'avons ni parcs, ni verdure, tous les espaces sont squattés, aucune route ne peut être réaménagée ou agrandie... c'est pire que les feux de forêt, c'est incroyable. Mais pas seulement, chaque été, les forêts de la région brûlent. Certes, les températures ont grimpé ces jours-ci facilitant ainsi les départs de feu.

Mais, doit-on se contenter seulement de cette explication pour justifier l'ampleur de ces incendies. Des centaines d'hectares d'oliviers, de figuiers, des arbres, auxquels tiennent particulièrement ces montagnards, sont brûlés par des mains criminelles.

____

11 Dieu merci

Depuis des années, c'est le même scénario chaque été, sans que les autorités aient pensé à trouver une solution définitive, ces incendies ont fait de la Kabylie un enfer jour et nuit, et ont été particulièrement intenables pour la population. Les incendies, c'est aussi la destruction d'une partie de la flore et de la faune épargnées ces dernières années.

On se rappelle que ces dernières années, des témoins avaient montré du doigt l'armée, qu'ils accusaient de mettre le feu pour déloger les terroristes. Chaque année, c'est pareil en Kabylie, la proie des feux de forêt. Cette calamité est pourtant récurrente, les autorités font face avec les mêmes moyens depuis toujours. Le peuple a remarquer cependant, la présence impuissante d'un sapeur-pompier, sauf quand ils regardent bien, le pompier n'est pas seul, mais le camion si.

Et c'est un camion-benne ! Ils n'ont même pas dépêché un camion-citerne à cette heure de la matinée, alors que les incendies étaient encore extinguibles ! Les témoignages concordent de toutes parts de la Kabylie. Cette opération, provoquent ainsi des feux sur toute la trajectoire du pneu, les flammèches finiront par avaler tout un buisson ou une forêt, d'où le recensement de quelques 4 à 5 incendies géants dans la région à proximité ; des campements militaires installés en force dans la région. En Kabylie, les populations, poussées à bout, semblent plus que jamais "perdues", fonçant tête baissée dans un quotidien pourtant rendu invivable.

Cette année encore, des feux géants dévorent depuis plusieurs semaines l'ensemble de la Kabylie, ceux qui habitent les villages perchés sur les hauteurs de la Kabylie semblent peu à peu s'habituer à ce qui est, désormais, devenue une tradition depuis plusieurs décennies, depuis toujours on a subi les pires horreurs.

C'est sûr que le pouvoir, en place est des plus pervers et ils ont beaucoup de moyens, le pire est que l'eau se fait rare. Certains villages sont alimentés un jour sur deux et encore. L'état raciste n'a décidément pas l'esprit de diminuer sa politique de mise à mort de la Kabylie et du peuple kabyle.

Appauvrissement économique, entretien de l'insécurité et pour chaque été application de sa politique de « terre brûlée », est entre autres, le lot de calvaires que la Kabylie doit subir et auquel elle doit faire face toute seule. En ce qui les concerne, les habitants du village sont allés voir carrément l'officier commandant du cantonnement. L'homme a le grade de capitaine. Après avoir écouté leurs doléances, l'officier leur avoua que l'ordre de brûler les forêts et les vergers était venu « d'en haut ». Autrement dit des hautes sphères de l'armée algérienne.

Le thermomètre affiche 53 degrés. Oui, 53 degrés ! La Kabylie brûle. Doucement. Dangereusement. Cette chaleur torride, ne nous vient pas d'un réchauffement climatique annoncé, mais des flammes qui dévastent la planète, un écran de fumée nous étouffe et réduit la vue, l'image fait peur d'autant que les flammes ont frôlé les habitations. Il faudra au moins cinquante ans, pour voir ces oliviers et ces figuiers renaître de leurs cendres.

Le pauvre a perdu plus de cent ruches d'abeilles, qu'il entretenait depuis vingt ans, et aucun responsable de l'État n'est là pour rassurer les citoyens qui ont passé tout l'été comme cela. La nuit, chaque membre de la famille assure la garde pour prévenir en cas d'incendie. C'est très fatigant ! La disparition de notre patrie arrangerait bien le monde à commencer par cette autre ennemie de Tamazgha[12], la France qui continue encore et toujours à rester fidèle à l'alliance qu'elle a contractée avec ce régime. En ce qui concerne les incendies qui ravagent nos forêts, il faudra songer à brûler ces militaires algériens.

Depuis 1962, le but est de faire disparaître l'âme kabyle et berbère de la surface de la terre… Depuis cette date, le pouvoir n'arrêtait pas de nuire à tout ce qui est kabyle et a organisé son génocide politique, culturel, économique et social. Il a commencé par l'élimination physique de l'élite kabyle qui n'a pas accepté leurs plans macabres, il a exilé et marginalisé nos poètes, nos hommes de lettres, il a asphyxié économiquement la Kabylie pour pousser les kabyles à émigrer vers d'autres régions.

---

12 Afrique du Nord

Il est allé jusqu'à interdire le mot "kabyle" dans les bouches quitte à être ridicule, il a même essayé de transformer le club de football JSK[13], en "jeunesse sportive kawkabi", c'est ridicule, mais c'est juste pour effacer le mot "kabyle".

S'il y a une certaine prudence, à observer à l'endroit des postes sensibles, qui touchent à la sécurité des personnes, cela sera bien compréhensible. Maintenant, si cette attitude cache des intentions autres, comme par exemple, éliminer des candidats au travail pour leur confession religieuse, alors là... il y a problème de liberté individuelle.

Durant plusieurs années, les registres de commerces, les locaux commerciaux dans ces villes sont interdits aux kabyles restés dignes, mais ils sont donnés uniquement à ces kabyles de service propagateurs des combines du pouvoir d'Alger. Tout comme dans l'histoire des régimes coloniaux où il y a toujours des gens qui collaborent, cela ne veut pas dire que leur choix qui est dans la plupart des cas par opportunisme et pour leur image soit

---

13 Jeunessse Sportive de Kabylie

vue en Kabylie comme un modèle de réussite sociale, mais tout simplement des petits traîtres sans dignité, qui cherchent un statut échelonné imaginaire qu'ils n'ont pas dans la réalité !

Durant le dernier printemps noir qui nous a encore endeuillés, le régime a étalé à qui veut le voir, sa haine et son racisme anti-kabyle. Les gendarmes tiraient à bout portant sur des pauvres gamins kabyles, avec des balles explosives qui ne laissent aucune chance à la vie. La marche du 14 juin 2001, a drainé plus d'un million de kabyles dans les rues d'Alger et a fait ainsi franchir un palier aux kabyles. Ils se sentent enfin dotés d'une conscience nationale de peuple kabyle.

Pendant trois ans, aucun ministre n'avait pu mettre les pieds en territoire kabyle, pendant trois ans, la gendarmerie était *persona non grata* en Kabylie, pendant trois ans, il y avait un pouvoir kabyle comme aux temps anciens, sans police, ni armée ni prison. Pendant trois ans, il n'y avait pas plus de délinquance qu'auparavant ou qu'ailleurs.

C'est le pouvoir, qui va jouer sur les acteurs du mouvement des Archs[14] pour les disloquer tout en nourrissant, les actes de banditisme et d'insécurité pour les discréditer. Le pouvoir algérien, incompétent et sournois cherche à utiliser toutes sortes de méthodes afin de mettre à genoux la Kabylie, islamiser les kabyles, faciliter l'installation de ses idées chaotiques, cela sera plus facile pour ces envoyés, du baathiste sans science ni intelligence d'épouser des femmes kabyles pour bien les islamiser et les faire soumettre à leurs idées rétrogrades, soumises pour que leur mari puisse épouser jusqu'à 4 femmes, c'est leur nouvelle idéologie démoniaque.

Ils veulent infiltrer la Kabylie. Ce ne sont pas ces monstres, qui nous feront peur ou changeront notre société. Si nous sommes unis, ils vont s'incliner devant notre force, car notre cause est juste; et la solution à notre tragédie est entre nos mains, c'est en créant un rapport de force entre notre faveur, que l'on peut chambouler le *statut quo* actuel et nous libérer de État arabe et raciste.

____

14 Mouvements citoyens

Le Fils du pays, à chaque fois qu'un de ses airs déchire le silence où arrête le bruit, il ne prend pas, comme tous les sons, le canal de l'audition. Il fuse telle une flèche en direction du cœur, on décide de se rendre au cimetière, c'est avant tout, pour vénérer l'un des plus forts symboles de la résistance, mais aussi et surtout de tenter d'échapper à son fantôme qui nous poursuit sans cesse. Il leur rappelle à chaque instant leur identité, leur "malvie" et leurs repères.

Il n'aura de repos que, lorsque, la Kabylie aura récupéré sa véritable identité. Lors de son dernier conseil, après avoir fait le tour de la question, il n'avait pas fini de contribuer à faire de lui une figure christique, c'est ce qui le rend encore plus attachant, il est seulement exceptionnel de courage et de talent, de ceux qui hantent les consciences bien après des années.

Nul ne doute, que la Kabylie après une errance très longue ait fini par trouver un phare, dans les brumes dans lesquelles elle ne se perdait pas : il ne reste plus qu'à tracer les frontières, les kabyles admirent le Fils du pays, quels que soient leurs courants religieux et politiques aujourd'hui, il est un symbole pour la démocratie et pour les peuples opprimés.

Il reste associé, à l'alternance du jour et de la nuit. Son écho retentissait à chaque instant comme un coup de feu dans les consciences, les cœurs, et même dans les rêves. Un piège qui vous guette et attend de vous faire culbuter 14 siècles en arrière. Un piège qui n'altère en rien la fermeté des opinions. Le militant, c'est dans la fougue, de sa tumultueuse jeunesse que ce qualificatif lui est promis, devenu aujourd'hui son patronyme. Non seulement les cœurs et les consciences mais, aussi les abysses terrestres et les profondeurs du ciel qui ont reçu les ondes de la sévère homélie du Fils du pays.

La Kabylie, dans son souffle n'est pas issue d'une corrélation géographique de fortune ou de hasard, il est né kabyle, ce Fils du pays. Son dernier appel reflète son époque, ses luttes et ses mouvements, il abandonne son âme saturée de souffrances et d'inquiétudes, autant de déchirements qu'il partage avec ses semblables, le

Fils du pays et ses expressions, prennent désormais le caractère italique de la typographie quand nous les reprenons pour donner du mordant à notre combat. Il porte la colère des revendications légitimes et justes, il reste parmi les bonnes volontés, qui donnent un contenu fécond pour une véritable liberté.

L'arabisme et l'islamisme sont les mamelles du pouvoir algérien et *in fine* du peuple anesthésié, nul autre n'a su exprimer cette pensée plus clairement que le Fils du pays, son nom restera gravé à jamais dans la mémoire des peuples Amazighs. Et le Fils du pays, n'appartient pas seulement aux kabyles, d'autres peuples Amazighs de l'Afrique du Nord se sont appropriés et fait de lui cette figure transcendante, car dans son combat résonne le murmure des ancêtres, ce bourdonnement lancinant qui parle à nos tréfonds, qui nous parle de liberté, ce concept que n'admet ni l'arabo-baathiste ni l'islamisme.

Le meilleur hommage à lui rendre est de faire de toutes nos possibilités à poursuivre son combat, un combat pour la réhabilitation de l'identité kabyle et de l'instauration de la véritable démocratie.

En répondant à sa mère pour l'avoir appelé "mon fils", il a répondu : "Mère, moi je suis fils d'un pays qui se cherche." Le Fils du pays, célébrait les combattants de l'Indépendance et fustigeait les dirigeants de l'Algérie auxquels il reprochait l'usurpation du pouvoir et d'avoir bridé la liberté d'expression. Violemment opposé au terrorisme islamiste, le Fils du pays condamnait l'assassinat des intellectuels. Il a été le militant de la cause identitaire Amazigh en Algérie et son rôle a été immense dans la revendication et la popularisation de sa culture. Il a été aussi en première ligne du combat, pour la démocratie et la laïcité en Algérie.

Le Fils du pays, disait que sa seule arme était ses idées et son courage. Il parlait contre le régime dictateur caractérisé par la corruption et la criminalité. Il rejetait l'arabisation islamique étatique. Ainsi, face à la loi d'arabisation du 5 juillet 1998 généralisant l'usage de la langue arabe dans tous les domaines, il a lutté contre plusieurs fronts tels que le parti au pouvoir, les islamistes, les oppositions politiques en Kabylie FFS[15], RCD[16] et contre les kabyles de service. Il a lutté, contre l'amertume de la séparation, le courage, la prison, en matière de déchirements, le tamazight, la solidarité, la fraternité… Son combat est ainsi tracé. Qui aurait pu penser, y compris lui-même, qu'il deviendrait une vedette et l'homme de la légende vivante. C'est sa façon à lui, en tant qu'enfant, de s'insurger, de s'extérioriser, de dire non à la domination, dans les lieux publics, aux villages, aux milieux universitaires. Il devient le militant le plus zélé et le plus courageux. Sa popularité ne cesse de prendre de l'ampleur. Sa carrière de militant, s'approfondit considérablement en faisant dans l'innovation de politique. Ses dernières luttes parlent d'elles-mêmes tant sur le plan de la sagesse qu'à travers ses idées.

La loi de Boumediene, portant l'arabisation de l'école Ahmed Taleb Ibrahimi alors ministre de Éducation nationale à l'époque s'en est chargé, vint tel un coup d'épée. Le Fils du pays, la considérait

---

15 Front des Forces Socialistes
16 Rassemblement pour la Culture et la Démocratie

comme arbitraire telle une provocation et même une agression, à toute une région qu'est la Kabylie. La police la empêché d'apporter sa solidarité et son soutien à ces frères kabyles, en avril 1980, quand la Kabylie était en pleine effervescence, le Fils du pays, appelait au rassemblement. Ce rassemblement le contraint à suivre les événements de loin par le biais de la presse. Il a essayé d'organiser une manifestation avec quelques jeunes militants à Paris, mais en vain ! La manifestation, a été empêchée par la police de l'époque.

Le Fils du pays, s'intéressait autant aux talentueuses plumes kabyles d'expression française, qu'ils soient, Feraoun, Kateb Yacine, Jean Amrouche, Mammeri... Il était aussi, un fervent supporteur de la JSK[17] depuis longtemps. C'est un militant, qui a marqué le siècle par son engagement et sa popularité avec son combat qui restera dans les annales du martyrologe, non seulement en Kabylie mais aussi en Afrique du Nord comme un repère réservé aux élus de la postérité qui sont entrés dans la légende et auxquels la légende a ouvert les bras.

---

17 Jeunesse Sportive Kabyle

Son quotidien a bourlingué dans le monde. Son courage en bandoulière et sa pensée inspirante comme seul viatique. Il est toujours adulé aussi bien dans sa Kabylie qu'ailleurs, après il est devenu très vite comme un guide pour toute une génération assoiffée de liberté, qui est en quête de son identité millénaire ostracisée et sa liberté réprimée. Il tutoyait le quotidien, la misère, il les a connues depuis longtemps, la vie et la mort qui sont ses amies fidèles, il n'y a pas un moment où il ne les a pas évoquées, il se savait victime expiatoire de tout un peuple. Il a beaucoup souffert et ses tourments, ne sont pas seulement d'ordre éthique entre sa vie de militant au service de son peuple comme éclaireur et porteur d'espoir.

Le temps passe, sa popularité reste inentamée. Il est resté l'homme le plus populaire, connu même dans le monde. Il a fasciné les mentalités et les caractères des jeunes et des personnes âgées, son combat fuse de partout. Son ombre, plane partout et d'une renommée immense, c'est incontestablement, à cause de son combat et de son courage. Il était l'un des rares kabyles de sa génération à comprendre tout ce que son peuple avait bel et bien perdu. Qu'on le veuille ou non sa personnalité ne laisse personne indifférent. Éveilleur de consciences et formateur de générations de militants kabyles ; refusant catégoriquement l'abdication devant le colonialisme algérien, depuis son jeune âge.

C'est très encourageant de voir les jeunes reprendre le flambeau, cela prouve d'une façon on ne peut plus claire la grande âme et l'œuvre de l'homme, qui a transcendé des générations et réussi à rassembler les kabyles dans la diversité de leurs idéologies pour un seul but. Car le Fils du pays, a défini son idéal, ses aspirations et l'essence même de son militantisme depuis son jeune âge. Il a bel et bien lutté pour la Kabylie et revendiqué haut et fort le droit du peuple kabyle, à disposer de sa propre république. Aujourd'hui, même la nouvelle génération le découvre, avec beaucoup d'enthousiasme.

Il est un homme de valeurs, un visionnaire, un homme qui a vécu pour son pays, la Kabylie. Malgré la prison, rien ne l'a jamais arrêté ! Toujours, il a défendu la liberté et la dignité de son peuple, c'est le premier à avoir osé parler, publiquement de l'instauration d'une République kabyle. Dire et se battre pour la vérité, est un crime dans un pays où le régime, ne survit qu'à travers les mensonges, la diversion et les divisions. Dans un pays, qui n'a pas fini de sécher ses larmes, de panser ses blessures et qui compte encore et encore ses morts par centaines. Il avait, pressenti la crise politique et la montée de l'islamisme et il a prouvé très jeune, son patriotisme puis sa qualité politique, son bilan d'homme politique, est fantastiquement plus positif. Il aime véritablement son pays, la Kabylie, et il est un homme exemplaire absolument formidable en écrasant le terrorisme.

Il n'a pas eu peur de se salir les mains, pour sa Kabylie, et heureusement que la Kabylie a eu de telles personnes dans ses rangs. C'est un homme de force et de reconnaître, qu'il est lucide sur le futur de la Kabylie et de d'Afrique du nord déplaît à certains. C'est l'un des premiers anciens qui entre autres, utilisaient la communication surtout pour informer le peuple de son mode de vie, et pour dire ce qu'il pensait et ce qu'il faisait. Sa vie, ses aventures, son carnet de route lui permettaient de dire, ce que d'autres ne sont pas autorisés à proférer faute de courage et d'honnêteté, qui reste-t-il de ces hommes qui ont marqué la Kabylie de telle sorte qu'elle n'est pas au plus bas grâce à leurs réalisations.

Pire, le tamazight a été présenté comme pouvant menacer l'unité du peuple et nuire à l'Islam, qui est considéré comme le seul ciment de la nation. Il aura fallu attendre les années 1980 pour qu'enfin la communauté Amazighs, se remémore les revendications linguistiques qui ont démarré en Kabylie dès les années 1940 et prennent enfin conscience de ce déni. De cette, atteinte aux droits de l'homme, mais quelquefois tolérées, le tamazight aura depuis ces dernières années, droit de cité dans un pays où il est pourtant la langue d'origine. Il aura fallu attendre l'année 2002 pour que cette langue autochtone ait un statut de langue nationale, l'enseignement de cette langue, et à plus forte raison, son utilisation dans l'administration n'a pas évolué. Pire, les obstacles qui lui sont dressés ont entraîné un désintéressement des locuteurs à l'origine d'une agression palpable.

Il faudrait que l'État, applique un coefficient de réparation historique, qui permettrait au tamazight de rattraper le temps perdu par rapport à l'arabe, en matière de recherche, de développement, d'enseignement et de diffusion. La loi doit être appliquée dans toute sa rigueur. L'enseignement du tamazight doit être obligatoire à tous les niveaux, dans l'étendue du territoire concerné et tout contrevenant doit être sanctionné. La responsabilité de l'État est, à ce titre, engagée pour que le tamazight soit la langue de l'enseignement, de la justice, de la politique, du droit, de l'économie, du social et de la culture.

Une politique linguistique, requiert une volonté politique au sens large, qui soit dénuée de calculs politiciens. Pendant très longtemps, l'islamisme a été utilisé comme cheval de bataille contre l'amazighité.

Dix-huit ans après la grève du cartable, qui a duré toute une année scolaire et qui a obligé le pouvoir islamo-baathiste, à reconnaître enfin notre langue séculaire, son statut est toujours celui d'une sous-langue. Elle n'était enseignée que dans quelques régions et maintenant elle ne l'est plus, vu qu'elle n'est pas obligatoire. C'est une monstrueuse arnaque qui a dévoyé le combat de millions d'amazighophones, qui à présent se sentent frustrés et dévalorisés, par rapport à leurs concitoyens arabophones. Il est urgent que cette langue ancestrale soit reconnue au même titre que l'arabe, langue nationale et officielle pour rendre justice à cette terre appelée Tamazgha, terre des imazighnes ou hommes libres, sinon nous nous sentirons toujours des éternels colonisés, car toute frustration engendre la révolte et les colonialistes français en savent quelque chose. Dans le Maroc le pays voisin, le tamazight est langue nationale et officielle et ce n'est que justice pour les Amazighs du Maroc qui constituent l'écrasante majorité des habitants de ce pays.

Plus de 50 ans d'indépendance du pays, et à la veille d'une énième révision de la constitution, tandis qu'il est encore temps et avant que cela ne soit trop tard, la langue tamazight, plusieurs fois millénaire, se doit de retrouver sa place qui est la sienne à savoir, un statut de langue officielle. Le refus d'accéder à cette revendication, juste et légitime par le pouvoir en place, sera perçu comme un déni de justice et un ostracisme qui frappe encore cette langue et ses enfants Amazighs. Dans cette éventuelle situation non désirée, nous serions alors dans notre droit de renforcer les rangs des partisans de l'Indépendance de la Kabylie, et que chaque parti politique assume bien ses responsabilités ! Puisqu'il n'est pas possible de revenir à l'ordre de l'unicité linguistique, l'ordre culturel autoritaire, se contenterait bien d'une Amazighité à l'existence symbolique.

Paradoxalement, ni la répression historique du tamazight, des premières décennies de l'indépendance ni plus tard, sa tolérance tactique n'aura aidé au dessein idéologique du pouvoir, imposer le monopole linguistique qui contribuerait à faire définitivement intérioriser, chez les algériens, une conscience baathiste de leur histoire et de leur identité.

Les choix scolaires de l'Algérie, fondés sur la seule raison idéologique, n'ont pas réussi à faire de l'arabe une langue de travail autonome et n'ont pas réussi à unifier la langue de l'école et la langue de la société. Celle-ci, en pleine crise de survie, n'a, au demeurant, plus de discours, elle fait feu de tout bois, en empruntant à l'islamisme, au discours social, au discours nationaliste sécuritaire. Certaines voix kabyles ; s'élèvent pour réclamer l'officialisation du tamazight par le biais d'une simple conférence suivie d'un passage à la télévision. C'est donc, par un canal officiel dûment autorisé par le pouvoir que cette revendication est faite, bizarrement. Il y a donc une intention réelle du pouvoir d'officialiser le tamazight et tout porte à croire que ce sujet sera traité dans la nouvelle constitution.

Il ne vaut, mieux pas qu'il officialise le tamazight, car si c'est le cas, elle sera transcrite en caractères arabes et plus personne ne cherchera à généraliser son enseignement. La Kabylie n'attend plus qu'on lui donne sa liberté, elle est décidée à l'arracher ! Son peuple est bien décidé à faire aboutir la Kabylie à son autodétermination : ce serait très clairement, c'est un autre suicide que d'accepter que le tamazight soit officialisé dans le cadre de ce régime arabo-islamique. Dans cet ensemble hétérogène organisé par le colonisateur arabe, on cherche à nous distraire, nous éloigner des fondements de notre combat pour l'émancipation d'une Kabylie libre indépendante et maîtresse de son avenir.

Personne ne se soucie de la langue Amazigh, encore moins de son avenir, il faut se mettre dans l'idée, que c'est à celui qui aime sa langue de la développer, regardez bien ce qui se passe, dans les villes de la Kabylie : les fonctionnaires venant des autres wilayas[18] peuvent rester des années durant, ne parleront que l'arabe, jamais le kabyle et se considérant supérieurs à nous.

Chaque 20 avril a été marqué d'une façon ou d'une autre ; les kabyles comme d'habitude, se rassembler tôt dans les matinées, devant le portail principal de l'université Mouloud Mammeri de Tizi-Ouzou d'où la marche devait s'ébranler. Mais bien

---

18 Départements

avant que la marche ne commence, le ton était donné. Avec des slogans hostiles au pouvoir, et d'autres mettant en avant les revendications identitaires. Avril 80 n'est pas l'œuvre d'une génération spontanée, c'était une lutte perpétuelle qui tirait ses fondements des différentes colonisations de l'Afrique du nord, bien au-delà de la crise berbériste de 1949.

Plusieurs décennies sont déjà passées depuis avril 1980, et cela fait plus de deux décennies que le Tamazight a le statut de langue nationale dans la constitution, mais son enseignement reste facultatif et est limité même en Kabylie. Aujourd'hui, la Kabylie est divisée, l'unité des rangs s'impose, il est du devoir de chacun de nous de se remettre en question. Le tamazight est un vecteur d'union, elle symbolise aussi les droits de l'homme, la liberté d'expression, le droit au développement et à la diversité. Il n'y aura pas de démocratie sans tamazight.

Le printemps berbère a été un moment historique dans la mesure où il y a un avant et un après 20 avril. On doit prendre notre destin entre nos mains, autour de l'action éclairée par ses premiers initiateurs du combat libérateur. À présent nous sommes déjà dans la phase terminale de ce plan. Il en faudra encore plus, il faudra que nous y allions tous, chacun de nous devrait penser à créer son propre réseau ou rejoindre un autre réseau déjà existant et nous n'avons qu'à nous en servir pour notre salut, il faut créer des alliances stratégiques entre les forces du changement et désigner un leadership. Le temps n'est plus à l'hésitation, car la Kabylie s'enfonce dans les abîmes de la destruction et du chaos. Nos responsables sont démissionnaires, on ne peut que constater leur fin de règne qui s'approche et qui se précise.

Les justices des pays étrangers accusent de hauts responsables algériens de banditisme économique et commercial. En ces moments fébriles se mesure la force du vent du changement, qui souffle de son air doux sous le ciel de la patrie d'Algérie, enfin s'acheminant vers le dénouement de sa séquestration par cette action.

Un Amazigh d'un autre pays, en l'occurrence le Maroc, vient y participer en guise de solidarité avec eux puisque lui-même se sent comme leur frère. Le gouvernement arabo-musulman, fantoche et baathiste d'Algérie décide de le cibler et de l'expulser. Cet homme n'a pas volé n'a pas tué n'a pas violé, et n'a pas commis de délit. Il n'a fait que marcher dans la rue parmi ses frères kabyles. Ce qui est choquant cependant, ce n'est pas parce que ce pouvoir algérien est illégitime, c'est l'expulsion sans raison.

C'est triste de savoir qu'un soi-disant berbère marocain des monts du rif continue de servir ses maîtres arabes et ose venir nous donner des leçons de dignité et de fierté kabyle, quelque chose sonne faux dans cette histoire. Cet amazighe marocain qui, au fond, n'a rien fait de mal à part participer à une marche avec ses frères kabyles, devant un DRS[19], un peu plus intelligent et un peu plus subtile dans la manipulation.

Après avoir été reconduit par la police du commissariat de Tizi-Ouzou vers l'aéroport d'Alger pour regagner le Maroc, suite à son arrestation à Tizi-Ouzou après la marche du 20 avril à laquelle a

___

19 Département du Renseignement et de la Sécurité

appelé le MAK[20], voilà la preuve que le régime algérien fait tout pour séparer les peuples amazighs, en faisant la sale besogne du régime marocain, et de l'autre côté faire croire que le Maroc est un adversaire. Le régime des lâches cachés à Oujda, Tunisie et Égypte ont tué Abane Ramdane, Krim Belkacem, de nombreux journalistes kabyles et plus de 128 jeunes kabyles. Ils ont violé les jeunes filles et femmes âgées en 1963 et 1980, ils ont arabisé les noms de nos villages, de nos routes et de nos sentiers, ils sont allés même jusqu'à arabiser les noms de nos fontaines.

Ils nous interdisent de donner des prénoms berbères à nos enfants, ils nous privent de tout outil médiatique, ils propagent le débat. Le peuple kabyle ! Il n'a jamais voulu accepter d'ordre ni du régime algérien ni des islamistes fanatiques. Le berbère a toujours été sa langue maternelle, le français un instrument de travail, l'arabe n'est pas sa langue, et comme ils ont cherché à nous l'imposer, nous l'avons rejeté.

---

20 Mouvement pour l'Autodétermination de la Kabylie

Le Fils du pays, vivait souvent en Kabylie où il menait sa vie de toujours, fréquentant les lieux populaires et s'arrêtant sur la route pour parler avec les gens. « Il n'arrêterait jamais de rappeler à l'ordre, pendant les années de terrorisme, seulement parce que n'importe quel fanatique islamiste voulait nous imposer sa loi ». Il recevait des menaces. Plusieurs faux barrages dont les intégristes se servaient pour leurs embuscades avaient été signalés, sur la route entre Tizi-Ouzou et son village. Il aurait dû quitter la Kabylie puisqu'il comptait tous les jours des dizaines de morts parmi les forces de l'ordre, les intellectuels, les artistes et les journalistes.

Ils ont convergé l'armée, la police politique, la gendarmerie vers la Kabylie, et, pourtant on n'a jamais eu des terroristes en Kabylie, à part les algérois qui ont été chassés pour les installer en Kabylie, un algérois s'est installé en Kabylie juste après la fameuse loi de la Rahma[21], dans le village personne ne lui dit rien, il est natif du village et point barre.

---

21 La grâce

Depuis la nuit des temps, la Kabylie la rebelle, n'a jamais fait allégeance au pouvoir central, ni d'ailleurs aux Romains, ni aux Turcs, ni aux Français. Elle a toujours vécu selon ses traditions. Mais les choses, se sont aggravées depuis l'arrivée de Bouteflika, rancunier et plein d'amertume à l'égard de cette région qui a payé un lourd tribut dans la lutte pour l'Indépendance de l'Algérie, pour se venger d'avoir été rejeté en 1999. Cet algérois islamiste a hébergé une vingtaine de jeunes chez lui, la journée, ils dorment et la nuit, ils font les razzias dans les environs. Un jour, les villageois ont décidé d'arrêter cette intrusion d'étrangers au village et ils ont demandé à cet islamiste, faux kabyle, de ne plus rôder avec son groupe dans le village en lui disant : "Toi, tu es originaire du village, maâliche[22] mais les autres non, des jeunes à peine âgés d'une vingtaine d'années chacun. Le lendemain, l'islamiste algérois et son groupe sont partis et se sont installés, pas loin du village dans une casemate[23], et comme à leur habitude, ils passent la nuit dans les poulaillers et

----

22 Ce n'est pas grave
23 Un abri souterrain

les hangars limitrophes du village sans toucher à rien du tout. Une nuit, le propriétaire d'un poulailler a remarqué que l'éclairage de son hangar s'allumait, il les chassa.

Rien de nouveau, les gouvernements successifs depuis l'Indépendance de l'Algérie, on cherchait à nous assimiler, mater, pousser à l'exil interne et externe et au suicide. Cela a un nom. Et cela s'appelle un ethnocide ! Et ne cherchez pas d'autres raisons pour lesquelles les kabyles en général sont autonomistes, voire indépendantistes. De toute façon, le temps est contre le pouvoir actuel et ceux qui sont à venir. Par conséquent, il est avec les kabyles. Il y aura des sacrifices, des larmes, du sang, il y en a déjà... mais la Kabylie et les kabyles finiront par trouver leur voie dans l'échiquier géopolitique international. N'oubliez jamais votre identité, vos coutumes, et vos traditions !

Il faut absolument casser les tabous et ne pas avoir peur des mots. Le peuple kabyle est un peuple colonisé. Oui, réellement colonisé. Les kabyles subissent un racisme racial en Algérie et un apartheid. Nous avons mis presque 40 ans pour prononcer le mot « autonomie » de peur de paraître singuliers et à part alors que les arabes n'arrêtaient pas de nous singulariser et de nous mettre à part. De peur que les arabes ne nous voient en tant que kabyles, alors qu'ils n'arrêtaient pas de nous voir comme des ennemis de la nation.

Il se trouve que le groupe de l'algérois islamiste passe les nuits à discuter, un groupe de jeunes, qui sont généralement des esclaves sexuels des Emirs. Les villageois ont investi les lieux, le propriétaire rentre comme si de rien n'était et tout le monde crie tout autour du bâtiment en les invitant à poser leurs armes, et quelles armes ! Deux mahchouchates[24], un Seminov et quelques armes blanches.

Depuis ce jour, le groupe est parti s'installer ailleurs, toujours dans les environs, mais les villageois ont payé le prix dans un faux barrage, un seul survivant, le dernier qui a réussi à sauter du camion, et il avait reconnu une personne dans le faux barrage, il travaillait dans un café au village et il finançait une gargote, chaque midi, il commande

____

24 Fusils de chasse à canon scié

des sandwichs alors il prend son fourgon et il descend toujours au même endroit pour donner à manger à ses barbus. La sécurité a mis la main sur un Kahwadji[25] et un pactole d'argent dissimulé sous l'estrade du café. Après dénonciation par le survivant chanceux, il était le dernier à avoir sauté du camion. Un exemple type pour montrer comment le terrorisme a commencé à s'installer en Kabylie.

Pour le dessous des cartes de ce redéploiement de l'armée en Kabylie, l'armée nationale doit être toujours en mouvement, une armée sans travail en Algérie, qui va s'occuper sinon de la politique, donc ce qui fait, on fait occuper l'armée pour qu'elle se noie dans le terrorisme, idem pour la gendarmerie, la police, les gens qui pensent à la Kabylie nous ont concocté des scénarios dignes de Hollywood, ce qui a permis au pouvoir d'éloigner ces militaires de la source, d'Alger et un blocus vers Tel-Aviv kabyle. Faites ce que vous voulez à l'intérieur du pays, laissé tranquille sauf à Alger la capitale.

---

25 Le propriétaire d'un café

En sachant pertinemment que les barrages fixes routiers sont contre-productifs, aucun terroriste depuis 1991 n'a jamais été arrêté en plein barrage sauf s'il est pisté. Bien entendu, l'un ne va pas sans l'autre, cette forte présence terroriste a amené l'état-major à renforcer la présence militaire dans les gros bourgs du Djurdjura. De fil en aiguille, cette insécurité terroriste mais aussi criminelle a réduit les chances de trouver un boulot dans cette contrée.

Et il ajoute aussi que les militaires ont bien compris les enjeux et au lieu d'un travail de renseignements et une lutte sérieuse contre le terrorisme entretenu, on ratisse à la française, politique de la terre brûlée, à la différence près, la France utilisait le napalm, eux ils utilisent les bombes au phosphore et les feux de forêt, un acte criminel !

Les habitants se posent la question : "Pourquoi les moyens de la protection civile ne sont pas adaptés à la région pourtant, ce n'est pas l'argent qui manque ?" L'été n'est pas encore fini et déjà des centaines d'hectares de forêts ont disparu dans les flammes. L'effet de ces incendies est ravageur sur l'écosystème de la région mais aussi sur le moral des habitants.

Mais la Kabylie est patiente, et consciente des enjeux qui se trament, les islamistes à l'instar de l'Emir Abdelkader qui a essayé d'engager les tribus kabyles de l'époque dans sa guerre contre la France, nos grands-parents, à part les faux kabyles d'origine arabe qui l'ont accompagnée dans son périple de Syrie, n'ont pas jugé utile de s'aligner avec le diable, et l'on sait que l'émir de l'époque ne diffère pas de beaucoup des émirs actuels, et la Kabylie ne prendra pas part à la guerre sainte contre le régime d'arabes islamistes, on ne sera pas votre marchepied, la Kabylie a d'autres stratégies moins contraignantes et plus radicales, c'est juste une question de temps, notre guerre à nous sera pacifique et démocratique !

Les kabyles étaient aussi dignes et fiers que solidaires et heureux. Dès la fin des moissons et des abattages, les fêtes commençaient, ce sont certains habitants et cet accent où l'on ressent la fierté qu'ils ont de parler la langue amazighe, une fierté qui a tendance à disparaître un peu partout. Cela pour le

Fils du pays, lui a rappelé son enfance avant les années de plomb où la fierté Amazigh a été cassée. Chaque Amazigh qui avait affaire aux autorités administratives ou judiciaires arabes devait être humilié et arabisé et on finit par forcer les gens à se mépriser et à faire l'impossible pour apprendre l'arabe.

Ils sont devenus alors complètement aplatis, disant « Sidi[26] » et baisant la main de n'importe quel imbécile. Cet avilissement forcé s'est toujours révolté. Cela lui a toujours fait mal de voir les Amazighs, les hommes libres, qui ne le sont plus. Depuis plus deux décennies, la Kabylie connaît un phénomène d'insécurité constant. Notre pays est devenu un haut lieu du banditisme, du terrorisme, des enlèvements et d'assassinats.

Aucune autre région d'Algérie, ne connaît une telle activité criminelle. Ce régime, a voulu mettre la Kabylie à feu et à sang et pour instaurer un climat de peur et surtout pour faire croire aux pays étrangers que, la Kabylie est le fief du terrorisme. Le régime, a livré la Kabylie à l'insécurité et à

---

26 Seigneur

l'islamisme dans le seul but de la sanctionner contre sa volonté et de voir échouer la revendication d'un État libre et laïc ! Cela est fait pour salir la Kabylie et les kabyles qui sont connus pour leur attachement à la liberté, contre la violence et le terrorisme islamique. Et cette Kabylie à l'époque appelée la petite Suisse, car connue pour sa tolérance des croyances et ses tendances politiques et surtout pour sa sécurité totale.

À ce moment, il a parfaitement compris pourquoi ce peuple tient tant à sa liberté, pourquoi ce peuple tient tellement à sa fierté, pourquoi ce peuple a tant sacrifié pour rester lui-même. Quand on est face à ses ennemis, on s'attend à quoi ? Quand on se bat pour sa liberté, sa dignité, face à celui où celle qui vous méprise parce que vous refusez d'être ce qu'il veut que vous soyez, vous vous attendez à quoi ? Mais se battre ou courber l'échine, il faut choisir ! Devant celui qui cherche à vous briser pour qu'il se sente enfin au-dessus de vous, la théorie du racisme est un sentiment éphémère. Nous ne voulons pas de leur unité nationale, qui nous enchaîne à une entité qui nous renie et qui nous oblige, à renoncer à notre existence en tant que peuple, nous les avons vus tirer à balles réelles sur nos jeunes, mettant à feu et à sang la Kabylie de 2001 à 2003. Ils ont décidé de nous décimer !

Intimider et humilier a toujours été la devise du pouvoir arabo-terroriste. Ce n'est pas aujourd'hui qu'il changera et non plus demain. Ce pouvoir joue sa dernière carte en s'attaquant même à nos femmes militantes. La seule issue reste bien sûr une Kabylie unie, libre de ce pouvoir, une façon de faire intéresser, rêver quelques instants, ces jeunes pour la politique sérieuse de Bouteflika, l'égard de la Kabylie où l'insécurité bat son plein fouet, et surtout aussi pour leur faire croire que les massacres des jeunes de 2001 n'ont jamais eu lieu en Kabylie !

À la révolution de 1954, il y avait des gens qui se moquaient de l'idée ! "Avec un fusil de chasse contre une aviation, des chars et des armes sophistiquées, vous n'allez pas réussir à combattre les français", disaient-ils, mais, au fil du temps, la révolution prenait de l'ampleur, ces gens-là qui se moquaient, certains parmi eux revenaient, les autres fuyaient et depuis plus de moquerie, et la révolution continuait. Quand on a perdu son honneur, quand on a franchi la ligne blanche, rien ne peut nous arrêter ! Avant, les artistes kabyles faisaient la concurrence pour montrer leur amour et leur attachement pour la mère-patrie, la Kabylie et Thamazgha[27]. Aujourd'hui, certains parmi eux ont retourné leur veste et se battent pour la place du plus lécheur de ces messieurs qui nous gouvernent, la Kabylie n'oubliera pas et l'histoire est en train de prendre note.

En Kabylie, il y a ceux qui veulent le bien de la nation et ceux qui ne veulent que leur bien, c'est ceux qui parlent et demandent des excuses à l'Algérie, c'est-à-dire aux petits enfants de ceux qui nous ont colonisés depuis quatorze siècles, alors que nos valeureux hommes ont battu leurs aïeux. Bien sûr que ceux-là ont des comptes sur le dos de leurs frères, bien sûr que ceux-là ont des biens ailleurs, bien sûr qu'ils n'ont participé à aucun combat pour que la Kabylie soit libre et indépendante, bien sûr

______

27 Afrique du Nord

qu'ils n'ont pas connu la prison, ni des menaces et leurs parents ne sont pas morts au combat, pour la Kabylie d'aujourd'hui et de demain, bien sûr qu'ils s'en foutent de l'Indépendance à laquelle ils n'ont pas versé une goutte de larme ou de sang... Bien sûr que ce ne sont que des ennemis de la Kabylie, et se cachent derrière l'histoire qu'ils ne cessent de rappeler sans l'avoir faite.

Le génocide, et crimes de guerre, les tortures, de la Kabylie par l'Algérie n'ont pas été punis et reconnus dans cette logique d'obtenir des excuses, le pardon par l'Algérie pour les supplices, les souffrances physiques et morales extrêmes, les calvaires qu'ont subis nos frères et sœurs morts, nos parents, nos grands-parents pour notre grande nation, la Kabylie !

Il y a des moments dans la vie d'un peuple où tout s'efface pour laisser place à une communion absolue autour d'un objectif commun. Une idée plus grande, et plus noble que les individus.

La Kabylie est visée par un complot politique pour sa destruction, mais aussi pour faire soumettre les Kabyles par tous les moyens possibles, chacun de nous connaît de bout en bout ce qui arrive à la Kabylie, meurtrie par des révoltes et des guerres suite à des agressions culturelles, sociales ou ethniques. L'histoire retiendra les fausses routes de chacun d'eux, et nos moyens d'action, chaque danger est une opportunité de vaincre le mur de la peur.

Depuis quelques années, la Kabylie est la cible d'attaques multiformes, certaines franches d'autres sournoises mais terriblement mortelles, rien n'est épargné à cette région montagneuse, et frondeuse en diable ! Que cela fasse mal au cœur en circulant à Tizi-ouzou, Bouira, Bgayet, Dellys, Bordj, Palestro, Thenia, Draâ-El-Mizan, etc. Et tant d'autres bourgs où tout le monde ne s'exprimait pas en kabyle, ne pense pas en kabyle, ne rêve pas en kabyle, ne se révolte pas en kabyle. Que reste-t-il aujourd'hui des kabyles assimilés qui, lorsque vous vous adressez à eux vous répondent qu'ils ne comprennent pas ce que vous leur dites ? Que c'est la faute au milieu, aux parents.

Quand vous faites une remarque aux parents pourtant kabyles pourquoi ils n'initient pas leurs enfants, rejetant catégoriquement le kabyle, il manque de peu qu'ils vous taxent de raciste, mais réellement, ce n'est pas de leur faute, ils leur imposent une langue. Ces kabyles assimilés finissent par laisser une progéniture qui nie catégoriquement ses origines, vous comprenez pourquoi ne pas cacher votre tristesse pour ceux qui commettent le crime d'assassiner la langue et le mode de pensée kabyle.

Le Fils du pays, avait atteint un niveau de compréhension extrême, parvenue à une limite un peu comme s'approchant du soleil ou le savant moderne brisant l'atome.

Ce qui l'intéressait, c'est de pénétrer le savoir, ce qui absorbait son esprit, c'est l'ombre innombrable de la langue et sa culture, l'étendue obscure des mots, les non-dits, les questions auxquelles on ne trouve pas les réponses, les gens qui parlent sans agir, parmi celles et ceux qui l'ont côtoyé, qui peut dire arriver à le connaître vraiment, mais chacun peut décrire de telle ou telle façon son caractère, sa lutte et sa personnalité. Dans sa lutte, que l'on ne puisse dire qu'il n'a laissé personne indifférent.

Il avait quelque chose à dire qui méritait d'être entendu, ce n'était pas à ceux qui sont absents sur le terrain qu'il devait s'adresser, mais à ceux qui sont présents, donc voilà sans doute aussi une des raisons qui l'ont amené à privilégier notre langue maternelle. Puisque à eux seuls les présents déjà pouvaient tout penser, tout écrire. Parce qu'ils sont sur le terrain et ils ont de l'expérience dans la lutte. Ils semblent également autosuffisants en matière de raison et de sensibilité.

Aucun salut pour la Kabylie tant que les kabyles ne prennent pas conscience que leur ennemi numéro 1 est en eux, certaines catégories de kabyles qui font semblant de l'être, mais qui au fond sont avec le pouvoir à 100%, car ils se sentent plus arabes que les arabes d'Algérie. Le régime n'a même pas épargné la Kabylie, une vraie poubelle. Ce régime, il veut chasser tous les kabyles et les remplacer par d'autres, il fera comme ses frères du Moyen-Orient, il importera des esclaves asiatiques. Il ne faut pas rêver, ce régime nous a réussi, à nous les kabyles alors que nous sommes les propriétaires de cette Kabylie et voir même de l'Afrique du nord heureusement l'histoire est comme un témoin fiable.

La Kabylie est comme tout autre chose, elle ne pourra échapper à son destin, celui qui consiste à être le foyer d'où certains veulent faire un brasier de toute cette région. Le Fils du pays, espère que le moment voulu si ce qui arrive doit mener même des efforts pour se rapprocher plus, il a le souhait libérateur au sens réel et qu'elle soit la dernière que cette terre connaîtra.

La violence et la criminalité gagnent de plus en plus de terrain en Kabylie, malgré la forte présence des services de sécurité. Les gens ont peur de n'être pas en sécurité même dans leur foyer, dans leur milieu professionnel ou environnemental. Ils vivent cette violence au quotidien. Le problème est qu'elle n'épargne aucune catégorie. En effet, le nombre de crimes ne cesse de grimper de jour en jour. Un phénomène alarmant qui prend de plus en plus d'ampleur dans notre société et qui entraîne souvent de graves incidents.

Ces crimes accentuent ainsi le climat d'insécurité qui règne dans la région. Une région qui ne cesse d'être gagnée par les fléaux sociaux de tous genres. Les principaux facteurs de toutes les formes de violence dans la société kabyle sont le chômage, la pauvreté, la hogra[28], les conflits familiaux et les inégalités sociales. S'il y a la violence, c'est parce qu'il n'y a pas d'égalité dans cette société, pas d'activités, l'innocent devient victime et la victime devient coupable, c'est la loi du plus fort.

C'est la politique de deux poids, deux mesures, ils ont déposé des plaintes, mais rien n'a été fait et l'agresseur circule le plus normalement du monde sans aucune crainte.

Pour les observateurs et les spécialistes en la matière, cela reflète une situation sociale très difficile dans laquelle vivait la population locale. Si ce fléau a largement retenu l'attention des médias qui en font régulièrement leur menu, il ne fait l'objet d'aucun débat public ni de recherche. Il suffit de rien pour que le sang coule. Tirs d'armes à feu,

---

28 Humiliation et répression

agressions et menaces à l'arme blanche, utilisation d'engins explosifs, harcèlement, intimidation, violence physique et psychologique ou encore sexuelle. En fait, en plus du terrorisme qui ne cesse de l'endeuiller, la Kabylie se retrouve livrée à ces fléaux qui progressent pour atteindre même des villages. Un sentiment de sécurité est essentiel au bien-être physique, intellectuel, affectif, économique et spirituel de tout individu. La région est connue pourtant, dans un passé encore récent, pour son calme et sa sérénité. La sonnette d'alarme est plus que jamais tirée.

Les temps ont vraiment changé, la Kabylie était de tout temps réputée pour sa sécurité, une petite rétro pour les nostalgiques; il y a plusieurs années de cela, lorsque l'on allait pour voir la famille dans une autre région, on s'arrêtait toujours à n'importe quelle rue au centre-ville pour acheter quelque chose ou prendre le café, on laissait les vitres de la voiture ouvertes, les portières non fermées à clé, et jamais, jamais il n'y eut le moindre larcin dans les petites villes de la Kabylie, vous avez compris la cordialité, le respect, l'humilité de ces braves gens sont toute une légende !

Aujourd'hui, à la gare ou dans la rue, vous seriez agressé(es) dans l'indifférence totale, dans les montagnes, on vous considérerait comme l'intrus venu de la citadelle, les âges ne sont plus les âges du bon vieux temps, el djemâa[29] a pratiquement disparu des mœurs, les partis ont cru remplacer les vieux sages des hameaux et des villages... en vérité, tout fout le camp que reste-t-il de cette altière Kabylie ? Pratiquement rien, où sont tous les quelques vieux et quelques vieilles qui nous rappellent les couleurs de cette belle contrée de la Kabylie.

Depuis une dizaine d'années, la Kabylie ne cesse de recevoir des coups sans réagir. Est-ce la fin d'une époque ? Est-ce la fin des générations ? Là, les questions restent posées. Sinon comment interpréter l'inertie d'une région plongée dans une torpeur sans fin, devant les effets annonciateurs de sa fin ? Elle s'affaisse lentement.

La Kabylie a payé une dot très chère aux noces de l'Algérie Indépendante. Beaucoup de sang a

---

29 Comité du village

coulé sur les monts d'une Kabylie élargie. Les kabyles sont-ils condamnés à servir d'autres causes que la leur ? Doivent-ils longtemps rester les serviteurs zélés d'une nation qui les renie ?

En Algérie, on ne sait jamais qui commande qui. Lorsque vous avez un problème et que vous allez faire une réclamation, tout le monde se rejette la responsabilité.

De plus, la majorité des kabyles ont tous des problèmes avec l'administration algérienne, une bande de traîtres qui prennent le pouvoir et créent une nation fondée sur la tromperie, la corruption, l'injustice. Vous n'avez aucun droit. Même pas celui d'étudier votre langue, de la parler, de rêver, de progresser avec. Décidément ce régime pourri se moque du peuple kabyle, c'est complètement aberrant, il y a tant de vautours autour de la carcasse de l'Algérie qui sucent tranquillement ce qui reste. Honte à ces crapules qui se cachent derrière leurs rideaux comptant sur la police pour faire leur sale besogne de tenir le peuple à l'écart.

Le Fils du pays, rêve d'un nouvel État kabyle qui soit juste, qui vous respecte, d'un État dans lequel sa langue serait langue officielle, dans laquelle la liberté serait sacrée, dans lequel les concitoyens seraient capables de relever le défi pour le construire, et ne pas compter sur les autres ni sur le pétrole comme c'est le cas actuellement. Il ne se reconnaît pas aussi dans l'Algérie actuelle, parce que rien ne le représente, ni la constitution, ni la langue, ni la religion, ni le drapeau, ni leur monnaie, ni leur gouvernement.

Leurs discours visent à montrer une Kabylie sécessionniste, régionaliste, séparatiste, antipatriotique, pro-occidentale, pro-française[30], ils présentent deux graves dangers : primo, ils exposent la Kabylie aux éventuelles représailles des extrémistes islamistes et baâthistes, secundo, ils entament et épuisent la "légitimité politique" de la Kabylie, une légitimité acquise d'une haute lutte contre le colonialisme, les conquérants, l'ennemi par le glorieux et héroïque combat libérateur contre la barbarie coloniale française, par le Congrès de la Soummam, par les commandos de la zone autonome d'Alger tous kabyles, les commandos de

---

30 Harkiste

la Fédération de France. L'autonomie régionale où l'indépendance totale est une solution judicieuse. Cette revendication, formulée par l'opposition en Kabylie dans les années 70, fait son chemin petit à petit.

Le Fils du pays, est convaincu d'une chose : les kabyles sont dotés d'une grande capacité de résilience. Ils sont capables de rebondir et de renaître de leurs cendres. Pendant plus de 50 ans, cette région avait été massivement bombardée au napalm et au phosphore par l'armée coloniale française. Aujourd'hui, elle est victime de la vermine raciste d'Oujda qui a accaparé le pouvoir central. Ses jours sont comptés et la Kabylie lui survivra !

Quand on se regarde, on se désole, quand on se compare, on se console. Ne jamais perdre espoir, et la désolation est partout en Algérie. Il y a beaucoup de kabyles qui sont en train de se khorotoiser[31] en ce moment ; par le khorotosime, c'est joindre un monde où le laisser-aller, l'individualisme, la frénésie religieuse, le chaos en dehors de son petit appartement ou à la maison font

---

31 De faire et dire n'importe quoi

rage. Nous avons perdu le contrôle de notre destinée en tant que peuple et l'avenir est très incertain à moins qu'un monsieur comme le Messie n'apparaisse quelque part pour nous sauver, disent-ils. Être autonome ou indépendant, cela implique de reprendre et de retrouver ce qui a été détourné au fil du temps. Retrouver sa langue, sa culture, sa liberté de vivre et de penser.

Le Fils du pays, est un simple kabyle qui pense comme beaucoup que notre salut ne viendra que de notre autodétermination et celle-ci passée inévitablement par une première étape qui est l'autonomie ou l'indépendance. Que notre véritable ennemi s'amuse et se sert de ces luttes internes pour nous décrédibiliser auprès de l'opinion publique. Il a un seul maître et c'est sa conscience et son engagement dans ce combat de toujours sauver ce qui reste à sauver de notre patrimoine et pour effacer les dérives de certaines personnes qui ne trouvent pas mieux que se créer leur narcissisme, que fonder des idéaux auxquels ils auraient, apparemment, contribué dès leur naissance.

Il se disait bien qu'il voyait le fameux gène qui est en nous, que cela allait venir, ce n'est pas possible de rater une telle occasion, l'occasion est trop tentante, trop belle surtout pour ceux qui sont en hibernation depuis longtemps.

Qu'on ne vienne pas lui dire que ce n'est pas du sabotage caractérisé et prémédité. La Kabylie est aujourd'hui agressée et cernée par des plans diaboliques qui finiront dans l'impasse. Elle vit une situation réduite, comparable historiquement à celle de la Numidie[32] dans le temps de Rome, l'impériale, afin de l'assujettir, l'avilir, jusqu'au moment où régnèrent, en maîtres sur l'Empire romain, des Numidiens, comme les Septimes sévères.

La résistance s'impose, la noblesse kabyle veut que ces dignes enfants se serrent les coudes pour faire échec à la diabolisation et la désintégration de la société kabyle contre ce pouvoir raciste arabo-musulman criminel et seule, une Kabylie autogérée pourra réaliser un programme qui conjuguera des efforts dans tous les domaines à la fois, pourra assurer la récupération identitaire effective kabyle et

---

32 De l'oued Moulouya au Maroc, à Siwa en Egypte

la promotion de sa culture, sa langue et sa créativité. Entre les griffes du pouvoir actuel, tout ce qui sera donné d'une main sera repris de l'autre.

Étant donné que la Kabylie est la seule région d'Algérie consciente de son identité régionale, il est difficile pour ne pas dire impossible de trouver une seule autre région avec laquelle la Kabylie pourrait former une fédération.

Quelle est la région d'Algérie qui se bat pour la démocratie, les Droits de l'Homme, la justice sociale ou la liberté si ce n'est pas la Kabylie ? Il ne faut plus jamais que le peuple kabyle soit berné par des utopistes ou des opportunistes.

La Kabylie et le peuple kabyle ne doivent jamais se préoccuper ou dépenser leur énergie à autre chose que pour la Kabylie. Il fut un temps où la revendication berbère, exclusivement portée par une population kabyle courageuse de ses opinions et ayant le souci de préserver sa culture coûte que coûte, était raillée et critiquée à la moindre occasion par le pouvoir central.

Cette revendication naturelle venant du plus profond de la population elle-même, comme un cri du cœur, on nous la faisait payer très cher. Pour une très grande majorité, cette mise en avant de l'origine kabyle sortait spontanément, la revendication de l'ethnicité n'appartenait plus qu'aux seuls kabyles, mais réveilla un certain courage de la part des autres berbères et ils nous interdisaient ou confisquaient le fait même d'être berbères ou kabyles.

Certes, la Kabylie est très différente des autres régions, mais le fédéralisme peut être une solution. Solution qui n'exclut pas l'autonomie, on peut avoir un pays fédéral avec une région autonome. L'organisation sociale obéit à la volonté des peuples, cette dernière évolue avec le temps. Il y a des moments durant lesquels les avancées sont plus accélérées que d'autres et caractérisées par la régression, le reflux. Il suffit de regarder en arrière pour découvrir l'avancée de notre peuple.

Le Fils du pays, avait un tempérament à accepter la discipline qu'imposait son courage, son esprit se tournait ailleurs, il ne paraissait pas accablé pour autant, son aplomb face à eux fut admirable, le sommet en avait été l'affaire de la perquisition. Il leur avait expliqué que l'opération était risquée : on ne violait pas impunément l'intimité d'une maison kabyle. L'argument les avait convaincus, les gendarmes renoncèrent à leur perquisition et il échappa à un emprisonnement.

Tafsut[33] dont il fut l'un des fondateurs qu'il signait et où il fustigeait cette légion des kabyles de service qui se font les chantres de l'arabisation, comme il les appelait, il finit par cesser de le poursuivre, d'autres ont revêtu l'uniforme et ont pris le relais, il ne saura pas se soumettre à ceux-ci, pas plus qu'il ne se soumit aux précédents, mais l'honneur peut prendre des allures de provocation. Parce qu'il est de cette race d'homme, authentique pionnier, qui empruntent les chemins raides et escarpés, délaissant les sentiers tortueux. Des tueurs sanguinaires ne leur ont pas laissé le temps pour continuer à former une nouvelle génération de leaders.

Des assassins, peut-être hébergés si près de chez lui, qui le guettent jour et nuit. À chaque fois, il nous fait un rappel à la résistance pour l'éternité, un

---

33 Le printemps

rappel qui se perpétue depuis la mort de Jugurtha dans une cellule romaine, il y a des siècles et des siècles maintenant.

Étant un petit jeune, il n'était pas apte à garder en mémoire tous les événements qui se sont produits durant sa jeunesse, néanmoins il se rappelait bien de quelques scènes qui ont marqué son enfance, demeurant gravées dans sa mémoire. C'est le cas de ces événements juste après l'Indépendance dont faisait l'objet sa région, et l'image des pères blancs qu'il appréciait autant qu'il respectait leur enseignement qui marquera sa mémoire.

Pour lui, ces "religieux" représentaient une lueur l'éclairant lui et tous les enfants de sa génération ; ces enseignements ont contribué à faire de lui un homme, auquel la question identitaire devient une priorité, une préoccupation fondamentale et il était reconnaissant à cette qualité d'enseignement qui incarnait l'ouverture d'esprit pour ainsi devenir un véritable militant de la liberté.

Cet enseignement suscitera son appétit à la lecture. Il lut alors ses contemporains. À la période du Parti unique dans les années 60 et 70 la loi de Boumediene portant l'arabisation de l'école, le Fils du pays a senti comme une injustice, une insulte et une humiliation de tout un peuple et sa région de l'Algérie qu'est la Kabylie. À l'avènement du multipartisme, pour le Fils du pays toujours fidèle à lui-même, la question identitaire demeurait l'objet de son militantisme et il essaya, tant soit peu, d'éviter les clivages partisans. Pour sa part, il ne prête pas attention à ce genre de discours.

Le MCB[34] est un mouvement qui draine énormément de foules donc sujet à des exploitations. Il se référait maintes fois à leurs idéaux, de leur dicton : « Tu parles, tu meurs, tu te tais, tu meurs alors parles et meurs », on veut nous emprisonner dans un passé sans mémoire et sans avenir.

À propos des initiateurs des doctrines obscurantistes, islamistes, le Fils du pays était pris de nausées à chaque fois que l'on y faisait allusion. Malgré son âge, il manifestait publiquement son

---

34 Mouvement Culturel Berbère

hostilité absolue envers ces courants, son attitude était formelle face aux hordes du GIA[35].

Il a inauguré le nouveau millénaire par la contestation citoyenne, et la revendication d'une véritable démocratie est en droit d'être informée du parcours et du combat de ses aînés qui ont ouvert le chemin vers plus de liberté et de dignité, le mérite du combat de la génération du Fils du pays est d'autant plus noble et éminent, qu'il ne s'inscrivait dans aucune logique étroite de chapelle politique ou de calcul d'intérêt, il est toujours un repère qui rappelle, le dur combat pour la liberté et la justice.

La gestion des islamistes, comme dans la plupart des pays arabes ayant pour seul souci la pérennité des régimes en place, obéissait à un jeu d'équilibre dangereux qui opposait la gauche progressiste à la frange la plus conservatrice du courant religieux.

Il se trouve, que la revendication berbère a une profondeur historique, indéniable et une légitimité populaire qui a fait d'elle un serment et un flambeau portés par des générations entières de

---

35 Groupe Islamiste Armé

militants humbles ou aguerris, avant et après l'Indépendance du pays. Cette démarche a surtout pu fleurir dans les campus universitaires où, les militants de la cause berbère avaient aussi, a s'assumer en tant que démocrates dans toutes les tâches dont ils allaient porter le flambeau. Il ne s'agit pas là, d'une scène de film relatant la guerre de religion au Moyen-Âge. Ce n'est pas non plus une rixe entre bandes de voyous dans une favela de ville sordide.

Le printemps berbère réveillait en lui, cette force de militant, qui le mena vers de nouveaux horizons de luttes. Convaincu, le Fils du pays avait une vision révolutionnaire du combat identitaire, dans lequel il s'inscrivait. Prenant conscience de sa réalité culturelle et politique depuis les événements des années 80, il se donnait corps et âme à sa cause qui est celle de toute cette génération de militants qui brisèrent la chape de plomb imposée par un régime scélérat et têtu.

La répression du pouvoir en place de l'époque s'abattait, exclusivement sur cette frange de militants, qui dérangeait la quiétude du pouvoir et de ses alliés islamistes. Cette chasse à l'homme déclenchée contre les militants démocratiques ouvrait la voie aux intégrismes de tous bords, générée par un climat de crainte permanent et de terreur islamiste, partout contre les forces progressistes. Il lutte pour la liberté et la dignité, déterminé à en finir avec un système de pouvoir autoritaire et illégitime, cynique et méprisant. Peine perdue car la tentative de dissuasion de la part du pouvoir a provoqué contre toute attente un effet contraire à l'objectif attendu.

Le combat, s'inscrit naturellement dans la revendication permanente et légitime de la population, qui exigent l'instauration d'un véritable état de droit. À même de garantir plus de démocratie, de liberté et de justice, dans le cadre d'une rupture radicale avec le système politique existant, responsable du chaos qui règne, avec son lot de corruption, d'illégitimité des institutions, du sous-développement dans tous les domaines, de l'arbitraire politique et de la répression qui en découle.

La question que le pouvoir doit se poser, en ce moment est de savoir si l'éruption du volcan qui vient de se réveiller ; va s'éteindre de la retombée de ses propres cendres ? Ou bien va-t-il embraser tout le pays et emporter toutes les certitudes de stabilité, qu'il a peine à réaliser les coups de fausses réformes, faux changement de gouvernance et par une reconsidération conséquente de la distribution de la rente ? Cette expérience, se mesure au fait que le rendez-vous a déjà été pris et la jonction entre les différents segments de la société qui résiste a été réalisée et largement intériorisée.

Le rôle du Fils du pays, a été des plus déterminants, c'est le mouvement qui avait fait de son combat pour la démocratie et la modernité son crédo, et son combat de faire taire toutes les voix qui se mobilisent pour démystifier le projet de société obscurantiste et barbare, la sincérité de son engagement et de sa détermination dans la lutte, la connaissance du patrimoine berbère se doublait d'une audacieuse appropriation des apports universels.

Remarqué pour son érudition, ses qualités de pédagogue et de polémiste au service du progrès et de la modernité, il était l'un des principaux dirigeants, pour l'ensemble du mouvement de la pensée moderne dans le pays. Les années 1990 ont été des années macabres, particulièrement marquées par la succession d'assassinats des artistes, de personnalités, des intellectuels de premier plan, parmi l'élite démocrate et républicaine du pays.

Assoiffé de liberté et de justice, il fut le militant exemplaire. À l'avant-garde de toutes les luttes démocratiques, le printemps berbère était pour lui un réveil et une lueur d'espoir qui porte un nouvel air pour la nouvelle génération, cet air de liberté qui soufflait sur sa Kabylie. Il était, aussi une brèche à la liberté d'expression dans la chape de plomb imposée par un pouvoir réfractaire à toute idée de démocratie et d'ouverture.

Nonobstant la répression aveugle qui s'abattait, dès lors, sur ces nouvelles générations militantes, il restera pour toujours le symbole du militantisme que nul ne pourra effacer des annales de l'histoire. Un symbole, qui a gravé son nom en lettres d'or, de lumière et d'espoir.

Il choisit les idées révolutionnaires de gauche comme support idéologique et la reconnaissance de sa langue ancestrale le tamazight[36], comme finalité de son combat avec tout ce qu'implique cette diversité linguistique et culturelle sur le plan politique. Le pays se retrouvera avec les circonstances aggravantes d'une mouvance berbère qui n'a rien d'une idéologie importée ou d'un courant politique qui chercherait la prise de pouvoir.

Il se trouve que la revendication berbère a une profondeur historique indéniable et une légitimité populaire, qui a fait d'elle un serment et un flambeau portés par des générations entières de militants humbles ou aguerris, avant et après l'Indépendance du pays.

La militance berbère a pu intégrer, particulièrement après le printemps de 1980, les questions des droits de l'Homme et des libertés démocratiques dans un même corpus théorique et

---

36 La langue des kabyles

un même combat pratique, lutte pour les meilleures conditions d'enseignement et pour une pédagogie moderne délestée des griffes de l'arabo-islamisme, combat pacifique pour l'expression démocratique. C'est donc, ce cadre qui convenait très mal à la dictature du Parti unique et de l'islamisme rampant de l'époque.

La génération du Fils du pays, qui a inauguré le nouveau millénaire par la contestation citoyenne et la revendication d'une véritable démocratie ; est en droit d'être informée du parcours et du combat de ses aînés, qui ont ouvert le chemin vers plus de liberté et de dignité. Un combat loyal, pacifique mais déterminé pour les causes justes, et celles de la démocratie et de l'amazighité en font largement partie.

C'est à un âge précoce, que lui a découvert que quelque chose manquait quant à son épanouissement total. Cette chose, de grande vitalité est la reconnaissance de son identité et de sa culture. "Puisque je suis un être humain, j'ai un pays de naissance", s'était-il dit, "je dois donc être reconnu et identifié comme tel". Dès qu'il trouva, toutes les réponses à ces questions, le Fils du pays, s'engagea dans le combat pour la reconnaissance de son groupe ethnique et de tout ce qu'il véhiculait comme éléments d'identité.

Hélas, l'Algérie de ce début de la décennie 1980 était en pleine confusion identitaire. Aussi, ce combat pour l'identité attira au jeune militant la méfiance puis la haine des islamistes, lesquels étaient les instruments de destruction entre les mains du pouvoir. Il savait qu'il dérangeait et connaissait les risques qu'il encourait. Mais la force et la soif de se faire reconnaître comme tel l'emporta sur le reste. C'est à cette époque, le piétisme islamique est apparu dans le jeu politique, avec le soutien du FLN[37] rien que pour faire réduire à néant les imazighens. Depuis tout a commencé aux scènes de la société kabyle, le chômage, le malheur social, la déglingue sociale, mais aussi l'hystérie et l'indignation complaisante.

Au lendemain de l'Indépendance de l'Algérie, entre l'État et la Kabylie sont ceux qui prolongent, la domination du peuple kabyle, qu'ils replongent

---

37 Front de Libération Nationale

aussitôt dans la lutte, contre la politique acharnée visant à le dépersonnaliser. Encore une fois, le kabyle se voit imposer une autre langue, une autre histoire, une autre culture que la sienne.

Ne dit-on pas, qu'il n'y a pire aveugle que celui qui ne veut pas voir. C'est comme ça que les révolutions se font. Quand la machine propagandiste est actionnée à plein régime, elle rend sourd et aveugle. La seule façon de voir et d'écouter la réalité, c'est à travers son esprit, d'où la nécessité pour un mouvement ou une cause de se doter de ses intellectuels. Égorgements, décapitations et viols d'enfants, des tournantes commises en plein jour contre de nombreuses femmes, même les plus âgées ne sont pas épargnées, les agressions contre les femmes seules se comptent par milliers, les couples sont harcelés par la police, insultés par les voyous et agressés par les islamistes.

L'idiotie, la lâcheté et le mépris de la femme, sont le patrimoine commun de ces trois catégories. L'enlèvement d'enfants, est devenu un support national pour alimenter les réseaux pédophiles et le trafic d'organes, les autorités restent passives, mais cette passivité ne serait pas fortuite.

On s'en prend aux enfants, aux jeunes filles, aux femmes de façon lâche et dans l'impunité. Le régime, passe son temps à chasser les tenants de la liberté et à ceux qui s'opposent à cette politique suicidaire. Faire respecter la loi et protéger le citoyen ne semble pas faire partie de ses responsabilités. Dès lors, il n'est plus surprenant que de tels actes ne se produisent. La bestialité issue des années noires, celle du FIS[38] et du GIA semble s'être incrustée dans les esprits. Et dire que l'on invite ces assassins pour réviser la constitution. Des centaines de milliards de dollars sont détournés par la même clique, qui a mis main basse dans le pays. La corruption gangrène toute la société, chaque jour qui passe nous en révèle un bout, des milliers d'algériens se jettent à la mer pour espérer accoster sur un bout d'Europe.

Quand le vide au pluriel, est le seul paysage de notre univers. La seule unanimité, qu'il y a dans le pays en ce moment est que tout le monde veut

---

38 Front Islamique du Salut

foutre le camp. De nombreux paumés laissés pour compte aux cadres supérieurs ; bien "assimilés" en passant par une classe moyenne fatiguée d'avoir le cul coincé entre deux chaises, tous veulent quitter le pays. Quand cet univers est peuplé de monstres et de bêtes, et la dénomination des uns sur les autres ayant été une constante de notre histoire, il n'est pas étonnant que les gouvernants, à l'âme vendue au diable, traitant le petit peuple de tous les noms, pour la seule et simple raison d'avoir tenté de fuir la misère. Le pire se profile à l'horizon... Des hommes et des femmes sont prêts, à affronter les pires assauts des flots de la mer en furie pour échapper au quotidien d'une triste vie sans avenir.

La répression des forces malsaines, en Algérie, par un régime raciste et corrompu, est inversement proportionnel aux largesses accordées à des assassins multirécidivistes. Passé le verbiage très nationaliste, qu'ils nous prêchent sans modération tous les conseillers du grand bluff national, une chose est certaine : ils sont en train d'emballer du vide. Le phénomène de l'émigration clandestine devient ainsi de plus en plus préoccupant, voire alarmant.

Les jeunes kabyles, partent par centaines vers les côtes européennes à la recherche d'une liberté qu'ils ne trouvent pas en Algérie, avec ces bateaux de pêche de 4 ou 5 mètres qu'utilisent les harragas[39] pour gagner l'Europe. Ils espèrent se faire une situation. El harraga, est en train de devenir l'archétype d'une partie de notre jeunesse, et un des seuls cas aussi, où il s'agissait d'un réseau de passeurs. Près d'une cinquantaine de corps sont, repêchés chaque été. En majorité des hommes entre 20 et 30 ans.

Ils se retrouvent dans une impasse, coincés, l'avenir sombre, une hausse sensible du nombre de morts et de tentatives de traversée est nettement perceptible. Le désespoir s'installe, par la faute des gouvernants qui n'ont rien compris au drame des jeunes. Cette tragédie, a commencé depuis un peu plus de deux décennies.

---

39 Les jeunes qui fuient le pays

Beaucoup de jeunes ont opté pour el'harraga[40] comme ultime solution. Une saignée supplémentaire, qui s'ajoute à la fuite des cerveaux qui a déjà vidé le pays de son élite. Le chômage, la crise du logement, la cherté de la vie, la répression, le piston, la corruption et l'absence de perspectives et de prise en charge, sont autant de facteurs qui poussent la jeunesse à vouloir partir vers des horizons incertains.

Il y a un fossé entre les jeunes d'aujourd'hui et la génération de leurs parents. Leurs parents avaient aussi des rêves d'émancipation, mais ces rêves s'enracinaient dans une Algérie où il y avait plus de liberté, plus de mixité... aujourd'hui, le rêve a changé d'endroit.

Ils ont décidé de partir, incapables de supporter plus longtemps les humiliations. Même des pères de famille ont décidé de tenter le coup. En réalité, la question à se poser aujourd'hui, n'est pas tant pourquoi, tant la réponse est claire.

En effet, pendant que la corruption, au plus haut sommet de l'État, ravage l'Algérie et que les

---

40 La fuite

terroristes repentis font la loi, les citoyens assoiffés de liberté et de dignité sont soumis à la violence de l'État ; ils sont interdits de parole, tabassés et traînés en justice par un pouvoir qui tente en plus de détourner la contestation sociale, au profit d'une unité nationale, qu'il veut construire sur la négation des peuples, le crime et la corruption. Et fuir ainsi la misère et la pauvreté !

Les adeptes de l'arabisation forcée ont réussi, ou presque leur plan macabre. Ils ont presque atteint leurs buts, ils ont réussi à clochardiser la majorité de la population et ils ont fait croire à l'algérien qu'il est plus arabe que tous les arabes et plus musulman que tous les musulmans ; ils lui ont appris à se mépriser et à mépriser ses origines, ils ont utilisé leur doctrine comme une arme fatale de destruction massive et ils l'ont complètement vidée, de la culture de ses ancêtres et de ses repères. Ils ont remplacé l'école par la mosquée, l'enseignant par l'imam.

Notre disparition en tant que peuple kabyle, avec nous, nos valeurs arrivent à vive allure, ils ne prennent même pas la peine de cacher leur haine envers nous, ils nous tuent, nous humilient et piétinent tout ce qui est kabyle même chez nous, nos ennemis sont tellement pressés de nous anéantir qu'ils ne lésineront sur aucun moyen. Donc, on ne doit pas laisser notre destin et celui de nos enfants entre les mains de ceux qui ne vouent que haine et mépris envers tout ce qui est kabyle.

Les kabyles, doivent en prendre conscience, ils doivent changer de vision, d'habitude et c'est le moment de se retrousser les manches. La stratégie de l'État algérien pour casser cette région, l'instrumentalisation, la violence, la prolifération de la débauche, de l'alcool, la drogue, l'insécurité, le gangstérisme, le banditisme, le terrorisme, enlèvements poussent aussi les jeunes au suicide, l'immolation et à el harraga. Tous ces fléaux sont une affaire sérieuse.

La société, autiste a perdu tous ses ressorts du fait d'une politique destructrice et criminelle. Ce terrible phénomène nous interpelle ; sur l'impératif vital de prendre notre destin en main, pour donner à nos frères et enfants un avenir meilleur. La société kabyle, actuelle a subi autant d'oppressions de la part des colons français que celles qui ont été mises en branle depuis 1962 par ces nouveaux colons arabo-islamiques. Un fait qui inquiète même les spécialistes : le plus grand nombre de tentatives de suicide se situe dans la tranche d'âge des 20 à 25 ans, alors que la majorité des suicidés ont entre 30 et 45 ans, hommes et femmes confondus.

Ces suicides endeuillent la Kabylie. Ils sont le résultat de l'action nuisible de l'école arabo-islamique qui traumatise nos frères, nos sœurs et nos enfants. Les imams, dans leurs prêches stigmatisent le manque de foi en Dieu. Est-ce pour cela qu'il faut absolument islamiser la Kabylie ? Il n'y a jamais eu d'enquêtes sérieuses concernant ce phénomène ou pour contrôler les émotions de ces gens. Aucun ministre, aucun parti politique ni association humanitaire ou autres de la société civile n'a réagi face à cette série de suicides, jusqu'à présent.

Il faut en parler, car les difficultés auxquelles sont confrontés les jeunes kabyles, sont des facteurs qui précipitent le passage à l'acte. Beaucoup d'encre et de salive ont coulé, pour tenter de cerner ce véritable fléau. Plusieurs explications ont été avancées, pour tenter d'expliquer le pourquoi de la chose, le phénomène de suicide prend de plus en plus d'ampleur dans la Kabylie. Les spécialistes parlent de raisons psychiatriques et sociales.

Il est vrai, en effet, que la Kabylie est la plus exposée à la misère et aux marasmes sociaux. Le chômage dans la région est monnaie courante. La jeunesse se retrouve ainsi livrée à elle-même ; sans aucune perspective qui puisse éclaircir un lendemain déjà sombre. C'est dire, qu'il faudra améliorer la situation sociale de la population pour espérer freiner. Les pouvoirs publics, sont plus que jamais interpellés pour trouver un remède.

Parlons de la misère, qui a touché tous les foyers, au niveau national et cette jeunesse qui a perdu espoir. Beaucoup de partis, en Algérie ne servent qu'à faire la FITNA[41] et à diviser le peuple un peu immature, cherchant à manger un bout de pain et avoir la paix tous les jours, que de s'aventurer dans des conflits, cela ne profite pas au

---

41 Discours vide de sens

peuple, cela profite à certains marchands politiques de chair et de sang humain.

C'est cette infâme, qui doit être combattu pour sortir de l'interrogation religieuse et entrer dans la question du vrai social, politique, économique et culturel. Ces gens, sans foi ni loi qui ne croient bien souvent même pas à ce qu'ils prêchent. Ce qui les intéresse, c'est l'installation dans le confort, l'argent et les affaires, le pouvoir voire la corruption. Les êtres humains, en général, privilégient la recherche du pouvoir à la recherche de la justice, ou du développement et de l'égalité. Et puisque l'argent coule à flots... Un des dictateurs de leur clan a dit : "Qui travaille le miel sans avoir envie de le goûter !"

Consommation de drogue dans les milieux des jeunes. Les narcotrafiquants ne font pas de différence entre le trafic de drogue, la contrebande de cigarettes, la fausse monnaie, le blanchiment d'argent, la corruption. Le cannabis et les psychotropes demeurent les stupéfiants les plus consommés.

Quelques milliers des jeunes, âgées de 12 ans et plus sont consommatrices de substances psychoactives. Et plusieurs centaines d'entre elles ont entre 20 et 39 ans. C'est ce que révèle une enquête épidémiologique nationale et globale sur la prévalence de la drogue en Algérie. On déduit, à partir de là, que la catégorie des gens ciblés c'est les adultes, la tranche d'âge qui consomme le plus les drogues est celle qui est en âge de travailler et qui dispose donc des ressources pour les acheter.

C'est dans le seul but, de les détruire moralement et financièrement. Les lieux de consommation sont les quartiers, les cafés, les soirées, la mer… L'école et le lieu de travail sont de manière moindre. Faire comme les amis, l'anxiété, la dépression la lutte contre le déplaisir, la fuite de la réalité sont les principales raisons invoquées, pour justifier la consommation des drogues.

Les incidences, des stupéfiants sur les consommateurs et la société sont effarantes. Ceux qui s'adonnent à la drogue sont constamment sous pression, déprimés, violents et sont envahis par des pensées suicidaires. En comparant les populations ayant consommé de la drogue, on trouve que la pensée suicidaire et le désir de fuguer sont les plus fréquemment, vécus que la population n'ayant pas consommé, suit du vécu anxieux et de la fatigabilité. On note, en outre, un retrait presque total des activités sociales. Là, c'est une démonstration de plus de la capacité de nuisance de l'Algérie sur la Kabylie.

Le Fils du pays, n'a rien d'autre à offrir que de la peine et de la sueur, car il voit devant lui une épreuve plus douloureuse encore, il a devant lui de nombreuses et longues années de combat et de souffrances.

Mais, il a toujours confiance dans ce peuple opprimé afin de se montrer digne et de relever le défi, s'il ne veut pas être effacé de l'histoire, s'il veut continuer à exister en tant que peuple. Quoi de plus exaltant que de savoir qu'un peuple souverain, décide lui-même de son avenir.

Les kabyles, même de croyance musulmane comme tous les autres, ne cherchent pas à construire des mosquées là où leurs enfants n'ont pas d'école et où, lorsqu'il y a une salle de classe, ils grelottent de froid.

C'est l'état arabe algérien, qui construit des mosquées en Kabylie et dont le seul but est la dépersonnalisation de la nation kabyle laïque. Nous ne voulons pas être des moutons, notre culture n'est pas celle de l'obscurantisme, celle du retour en arrière, ou comme celles des talibans, nous avons notre dignité, nos valeurs qui sont celles de nos parents ; votre islam et leurs sous, qu'ils les gardent pour eux et chez eux.

Et nos parents kabyles sont des croyants et pratiquants, pas des musulmans imaginés par ces arabo-khoroto et voleurs, qui font de leurs peuples des asservis. Puisque les gens sont des musulmans, pourquoi les islamiser ? Et s'ils ne sont pas musulmans, pourquoi les islamiser ?

Le Fils du pays, s'était engagé dans le combat pour la libération de la Kabylie de l'occupation coloniale arabo-terroriste. L'objectif de son combat visait la démocratisation des institutions en Kabylie ; en offrant la possibilité au peuple kabyle d'élire librement, ses représentants à une Assemblée nationale constituante.

Il s'agit du respect des droits de l'homme, c'est-à-dire les droits civils et politiques qui font de chaque citoyen un citoyen responsable. Parce que le respect, des droits de l'homme permet effectivement au citoyen de pouvoir jouir de sa liberté et s'épanouir, pour pouvoir participer à la construction de son avenir.

Malgré ces difficultés, il ne s'est jamais avoué vaincu, il dit toujours qu'il y a diverses manières de faire de l'opposition politique, il y a l'écrit et il y a les débats au sein de la communauté et le combat de l'opposition, est un combat essentiellement lié à l'information mais, il ne pouvait se décourager devant de tels obstacles, il a connu pire, notamment pendant l'interdiction par la dictature du régime de l'époque de se prononcer en tant que kabyle.

Et ce qui lui importait, était de forger une opinion politique ; capable de dynamiser la société et canaliser, la mobilisation populaire pour l'instauration de la démocratie, seule forme politique à permettre au peuple, d'accéder à sa liberté et à sa dignité. Vingt-six ans de règne du parti unique, où le système était hermétiquement fermé à toute évolution, surviennent après une série d'explosions récurrentes.

Lorsque les manifestations éclatent le 5 octobre 1988, un peu partout en Algérie, ce qui a été visé par ces manifestations, n'était ni plus ni moins qu'une remise en question de la politique, mise en œuvre par le pouvoir en place de l'époque. La revendication, s'est poursuivie encore durant ces dernières années, ce soulèvement de la population est une "rupture historique" qui a ouvert la voie au pluralisme politique au niveau de toute l'Afrique. Malheureusement, le système s'est à nouveau refermé alertant, par ailleurs.

Il faut dire, que la promesse d'ouverture démocratique après le soulèvement d'octobre avait de quoi émoustiller la population. À part que juste après l'adoption d'une nouvelle constitution, pour nous convaincre qu'il ne fallait pas manquer ce grand rendez-vous de l'histoire, car le manquer serait fatal à l'Algérie ; il fallait nous convaincre, bêtes et disciplinés mais, toujours suspicieux, que la transparence serait au rendez-vous.

Le régime, qui se croyait invincible, ne tolérait aucune remise en question de ces choix et avait une seule chose en tête : réprimer toutes les contestations émanant du peuple.

La majorité des citoyens, dont la motivation principale était le rejet du projet islamiste ; ainsi, voir ces foules se bousculer devant les bureaux de vote du pays avait donné une lueur d'espoir indescriptible. Malheureusement, c'était le dernier moment de bonheur collectif que l'on nous a offert. L'Algérie, vit encore sous l'état d'urgence et le terrorisme continue de frapper ; l'islamisme est plus que jamais dans les institutions, l'opinion publique nationale est livrée à l'influence des médias arabes et orientaux. L'Algérie, verse dans le terrorisme, les carnages et les bains de sang. Le rêve populaire tourne au cauchemar et à la tragédie.

Mais avec du recul, ils reflètent plutôt une distribution de la carte politique de certains candidats, afin d'assurer un équilibre stable, en faveur du système et faisant croire aux islamistes ; qu'ils représentaient désormais la deuxième force politique du pays, dire aussi aux démocrates qu'il leur reste encore beaucoup de travail à faire, beaucoup de monde à convaincre, dans une société attachée corps et âme aux fondements factices que l'on connaît. Mais les décideurs nous bernent, nous briment et nous leurrent sans relâche depuis 1962. À qui la faute ? Sauf qu'ils continuent à nous faire croire, qu'il est possible de renverser un système solidaire et solide comme un roc.

S'il y a un point où excelle admirablement le pouvoir algérien, c'est bien dans sa capacité à se régénérer pour arnaquer, en toute impunité et à chaque fois, la conscience algérienne par des illusions de changement, avec des lendemains toujours catastrophiques pour les algériens, sur tous les plans. Et cette fois encore, le décor semble déjà planté d'avance, avant l'heure. C'est triste ce qui nous arrive et incroyable, même incompréhensible ; la France est partie en 62, mais l'indigène n'a toujours pas changé de statut. Il est toujours, considéré comme un incapable dupé pour être toujours assisté dans toute décision concernant son avenir. L'Arabo-intégriste d'Alger, a programmé le génocide identitaire du peuple kabyle.

Les kabyles de service ; qui s'opposent à la libération de la nation kabyle du joug arabo-intégriste d'Alger, sont consciemment ou non complices de cette politique criminelle d'éradication de la personnalité kabyle. La nation kabyle une fois libérée des griffes de l'État central arabo-islamiste, peut devenir rapidement une bonne gouvernance laïque démocrate.

L'Algérie, cette terre maudite, dont le peuple sera condamné à l'oppression et à toutes sortes d'injustice, pendant presque les deux derniers siècles qui viennent de s'écouler, verra mourir assassinés ses meilleurs hommes et femmes, pour le seul tort de l'avoir trop aimé et de lui être été resté fidèle jusqu'au dernier souffle de leur vie. La crise, vient d'une accumulation de facteurs explosifs : corruption, chômage et mauvais fonctionnement d'une économie trop centralisée, trop rigide ! La faillite du système, qui n'arrivait pas à subvenir aux besoins alimentaires de la population.

Par conséquent, il ne restait au peuple kabyle que la rue pour crier haut et fort son mécontentement. Mais le système politique algérien ; fonctionne désormais à l'émeute parce que les institutions, sont façonnées sur le moule du parti unique. Les jeunes, ne pouvaient pas rester bras croisés à l'absence de toute perspective d'avenir dans leur pays et les tensions montent au niveau de chaque foyer, des regroupements, des grèves improvisées.

En 2001, quand il y a eu une grande marche kabyle vers Alger, les Algériens n'ont pas suivi l'appel des démocrates kabyles, si cette marche avait été suivie, nous n'en aurions pas été là, avec tous ces problèmes que nous vivons à cause du régime mafieux... et son clan de criminels corrompus destructeurs de l'Algérie, ce clan mafieux aurait disparu depuis longtemps et l'Algérie serait parmi les pays les plus démocratiques au monde. Tout ce qui vient de la Kabylie est salutaire pour tout le pays, il suffit que les autres régions comprennent et suivent le mouvement démocratique kabyle, voilà une vraie révolution démocratique, et qui serait pour l'Algérie une lueur d'espoir, qui n'aurait rien à voir avec les conneries des printemps arabes islamistes.

Les kabyles, ont une longue histoire sur tous les peuples de la planète en matière de courage, de liberté de démocratie, la démocratie Amazigh existe depuis plusieurs millénaires en Algérie, et les kabyles sont des porteurs de l'étendard, une démocratie qu'ils ont entretenue et bien conservée.

Le régime en tremble d'ailleurs, le kabyle n'est pas à vendre ou achetable, n'est-ce pas une épice d'esclave de l'arabisme et l'ennemi de l'Algérie, par ses positions racistes et haineuses envers les kabyles. Falsifier l'histoire, détourner le rêve de nos martyrs, etc... sous prétexte de patriotisme. Vous nous chantez Kassaman[42] pour nous endormir, pendant que ces décideurs disposent du pays comme si c'était une propriété privée.

Ils ont fissuré le mur, du monolithisme castrateur du parti unique et tenu tête ; aux nervis et aux spadassins des temps modernes, qui ont juré la perte de l'Algérie historique de Massinissa, de Kahina et d'autres.

Une bonne partie, de nos problèmes sera résolue, si une réponse avec des mots simples est

____

42 L'hymne national algérien

donnée à la question : qui sommes-nous ? Et qui sont les amazighs d'aujourd'hui ? Notre culture et notre histoire ne commencent pas avec l'islamisation de l'Afrique du nord.

Notre histoire est bien plus ancienne et il n'y a pas lieu d'en avoir honte, bien au contraire. La Kabylie, est un des berceaux de l'humanité. Notre Kabylie est menacée de disparition, notre identité d'extinction.

Le pouvoir algérien, ou l'Algérie tout court, ne cesse de lancer des assauts pour normaliser la Kabylie, seul territoire où des poumons peuvent respirer l'air pur de la liberté. Dire que nous sommes kabyles, ne signifie nullement vouloir nous éloigner des autres Amazighs ou d'autres peuples, mais juste affirmer notre kabylité, dans le respect des particularismes qui fondent chaque peuple, de ce grand ensemble.

Le pouvoir trompeur, qui nous dit pour minorer les kabyles, ils ont mis en avant son fameux slogan :" Nous sommes tous des amazighs ; mais c'est l'islam qui nous a arabisés ! Nous sommes en train de mourir à petit feu et dans quelques générations, le kabyle ne sera plus si l'on ne fait rien, il nous faut absolument un État libre et laïque."

Le pouvoir algérien, ne peut pas accepter une personnalité kabyle différente des autres régions du vaste pays qu'est l'Algérie. Les kabyles, savent très bien qu'ils ne sont pas des arabes, la Kabylie qui a tant souffert et qui continue à souffrir de l'Islamisme.

Les paroles du Fils du pays ; harmonieux que clamait sa voix et le chemin lumineux, que frayait son verbe touchent la conscience, ravivent les yeux et nourrissent de l'intérieur, il fait naître en chacun de nous, ce qui ne devrait jamais être hiberné. Et il a su marquer son temps, par son verbe recherché regorgeant ses mots et par ses brillances intellectuelles aux penchants infaillibles.

Il ressasse intimement, et par sa volonté, ce qui devrait être épargné, cet exemple donné avant tout par lui, en conviant le reste à suivre le chemin frayé, et ce afin d'échapper à toute forme de servitude ou d'ostracisme et il évoque tout, entre autres la vie des kabyles, en mêlant la sienne à tout ce qui l'a fait souffrir et endeuille son âme sensible. Dès son jeune âge, il devint déjà réceptif aux maux qui l'envahissent et l'obsèdent, menant une existence double, bousculée d'un côté et heurtée de l'autre.

Son attachement à ses valeurs kabyles ; qu'il ne souhaitait point dénigrer, d'où cette singularité pointée du doigt en faisant de lui le héros blessé, traînant ses espoirs au-delà de toutes les aliénations viles, et c'est ce qui le poussait à se détacher graduellement, jusqu'à voir dans son reflet un personnage intérieurement efficace.

Le Fils du pays, rend hommage en premier lieu à sa mère qui lui a tout légué et à la culture kabyle traditionnelle, dans toutes ses richesses et dimensions.

Ce qu'il a reçu par amour de sa mère le transpose fidèlement avec l'empreinte ; ces paroles s'abreuvant à la compassion portée à autrui et aux maux froissant les cœurs, son verbe sous sa plume, l'image de celui qui foisonne.

Depuis son adolescence, il rêve de faire comprendre au monde, l'âme des hommes de sa Kabylie et son ambition. Ce ne sont plus des souvenirs d'enfance, mais la vie de tout un villageois qu'il évoque à travers son combat.

Il aborde ainsi, la plupart des maux communs tel le conflit des civilisations. Il sait exprimer la joie, le malheur et la douleur des tristesses du quotidien, l'impossibilité pour l'exilé de trouver une place honorable au milieu des prisonniers, la désunion des familles.

Tout cela, il le rend avec une résignation amère. Le Fils du pays, restera toujours le veilleur de la dignité et refusera l'asservissement ou tout autre destin ; funeste que lui proposera cette espèce qui se renie pour son confort. Il demeurera un exemple, un repère à l'image des siens, qui ont su résister à la tentation et accepté de lutter dans la pauvreté.

Une certaine nostalgie ; venait lui injecter une dose d'un passé non encore fermé mais, ouvert sur un combat qui continue à le propulser vers l'avant. Compromissions repoussées, difficile était ce choix campé au-delà de ses irrésolutions, il se livre ici à la volonté et au langage de son cœur en enchaînant, des phrases suivies toujours d'un point d'interrogation ; tant de fois déçu face aux aléas de la vie et de ses luttes vaines, le désir se nomme pour lui soupir, et le soupir synonyme de ses faiblesses.

La lourdeur des traditions pesant sur la conscience, le handicap moral, les interdits vus sous un autre œil, lui ferment la porte en la clamant honorablement et intimement dans cette tendance universelle. Et c'est l'image sacralisée de toutes les patries, dont celle berbère.

Le 14 juin 2001, jour historique pour la Kabylie, les kabyles, on montré de quoi ils sont capable, que l'on est un peuple civilisé, démocrate... que l'on se bat politiquement, contrairement au pouvoir algérien et les arabes anti-kabyles, qui sont venues avec des armes nous combattre, nous empêcher de marcher pour la liberté, la démocratie, la laïcité, les droits de l'homme.

La Kabylie a démontré sa force et fait vibrer le pouvoir. La Kabylie n'a jamais utilisé la violence pour revendiquer son droit légitime, c'est ce qui lui donne aussi de la force intellectuelle.

Le 14 juin 2001, est le jour où le peuple kabyle a compris qu'il est un peuple différent du reste de l'Algérie, en culture, en valeur, en engagement, en politique et qu'il ne peut compter que sur lui-même et que plus jamais il ne se battra, ou se sacrifiera pour les autres comme il le faisait depuis 1963. À voir cette foule des jeunes et d'adultes, on ne peut qu'être fier d'être kabyle. Cette belle démonstration, de la mobilisation citoyenne ne s'est jamais renouvelée. De nombreux acteurs se souviennent encore, aujourd'hui, de cet élan de mobilisation jamais constaté dans le pays depuis. Mais, ils étaient des milliers d'hommes de différentes franges sociales, venus de toutes les régions à marcher dans la capitale.

C'est comme cela, la blessure est trop profonde, le fardeau est trop lourd pour la Kabylie, on ne peut plus attendre si l'on ne veut pas disparaître dans quelques années, n'être plus qu'un souvenir. On doit prendre les choses en main, quand les deux ami(es) où les deux frères ne s'entendent plus, ils se séparent, c'est dans leurs intérêts.

Le pouvoir algérien, n'arrêtera jamais sa politique anti-kabyle, la politique d'arabisation et d'islamisation : 132 ans de colonisation française, 50 ans de colonisation d'un pouvoir mafieux anti-kabyle. C'est une manifestation qui restera dans l'histoire pour toute une génération, avec sa plate-forme qui est fondée sur la démocratie.

Elle était aussi, la réponse pacifique de la Kabylie, à son agression militaire par le pouvoir algérien. Elle incarnait la civilisation, contre la barbarie. Acculé en Kabylie, le régime arabo-islamique fait appel ; aux délinquants de droits communs pour contenir et réprimer dans le sang la marche pacifique du peuple Kabyle. La veille de la marche, il vide toutes les prisons de leurs honorables pensionnaires. Pendant que les kabyles prenaient à bras-le-corps, la libération effective de tous les algériens des griffes de la mafia, les arabes d'Alger, sur instigation du pouvoir, étaient sortis défendre leur quartier.

La Kabylie, s'est soulevée pour sa dignité et pour dénoncer un système prédateur, destructeur, dictateur et non pour proposer une autre Algérie arabo-islamiste et khoroto mystificatrice et négatrice de la nation algérienne…

Ces manifestants, n'avaient pour armes que les pierres et les cocktails Molotov de fortune contre des armes de guerre de la gendarmerie, qui étaient à mille lieues des outils de la légitime défense. Les manifestants, tombent dans une véritable embuscade médiatique dont l'objectif est de les faire passer aux yeux de l'opinion mondiale, images prises par hélicoptère à l'appui, comme des incendiaires, des pillards et même selon l'expression du secrétaire général du ministère de l'Intérieur, des hordes de vandales.

Ce jour-là, les kabyles disent : "on veut rester ce que nous sommes, des kabyles et ne pas être méprisés, humiliés...", autrement dit, vivre sous les bottes de la mafia arabo-baâthiste et terroriste qui veut éradiquer, tout ce qui est kabyle en Algérie. Nous ne laisserons jamais ces racistes faire ce qu'ils veulent.

Chaque fois que les kabyles revendiquent la reconnaissance de la langue "tamazight", la démocratie... les kabyles, en 1980 ont été traités de

Hizb França[43], séparatistes, traitres, koufars[44] etc, ils ont été jetés dans les prisons et après leur sortie, ils ont été marginalisés.

Chaque année, la Kabylie se recueille sur tous ses enfants et commémore son nouveau printemps, pour une Kabylie fidèle ; à celle qui l'a servie avec dévouement, celui qui lui a consacré une grande partie de sa vie et qui a répondu présent à son appel, afin de la délivrer d'un conflit dévastateur en réconciliant tous ses enfants, à celui qui allait restituer à notre état sa place de choix parmi les nations. Notre état à grand besoin de l'expérience d'une personnalité politique de haut niveau, qui a fait ses preuves dans sa région et qui jouit du respect et de la considération sur la scène internationale.

C'est grâce au Fils du pays, que la Kabylie est devenue une référence en matière de réformes, d'élargissement de la base démocratique, un modèle de sécurité et de stabilité dans un environnement régional qui connaît des troubles, et dont certains

---

43 Partie de la France
44 Mécréants

pays, sont considérés comme étant en situation d'échec et un contexte international, qui subit une crise économique et financière depuis quelques années.

Une marche populaire digne de son objectif, une marche où les kabyles ont envahi Alger; pour proclamer haut et fort leur plate-forme de revendications, et aujourd'hui personne n'en parle. La marche du 14 juin, était la première et la dernière action populaire née du printemps noir à se produire à Alger.

On se souviendra de la répression de la marche ; par les forces anti-émeutes et la manipulation médiatique, qui en a été faite par la télévision d'état raciste qui présenta les marcheurs, comme des voyous venus envahir Alger et pour casser.

Une manifestation pacifique, réunissant plus d'un million de personnes converge joyeusement vers le centre d'Alger, avec pour objectif de remettre au Président de la République le texte de la plate-forme d'El-Kseur… Ces nouvelles attaques, ont été savamment préparées par un gouvernement dont la seule stratégie est de se maintenir au pouvoir, y compris en dressant des populations, les unes contre les autres.

Le temps, est en faveur de la Kabylie et ce grâce à la sagesse et à la clairvoyance du Fils du pays et son attachement à nos valeurs socioculturelles et à ses traditions. Le peuple kabyle donnera, comme coutume, une leçon de citoyenneté à ceux qui veulent nuire à notre chère patrie. Réveillez-vous les chers kabyles, la Kabylie est plus en danger qu'en 1991, notre région aux jeunes potentialités énormes mérite plus que cela, sauvons notre mère, la Kabylie, qui est entre les mains des mercenaires, ce gouvernement à risques nous mènera à des situations que personne ne pourra contrôler. Unissez-vous, authentiques oppositions, personnalités nationales, élites, sages, citoyens tous confondus à barrer la route aux opportunistes, aux corrompus, aux affairistes ! Sauvons la Kabylie, aimons-la davantage, pensons aux sacrifices de ceux qui ont libéré cette terre du joug colonial.

Un débat fraternel qui regrouperait les compétences de chacun et de chacune, celles essentiellement puisées dans l'univers associatif actif dans le sens de l'amélioration des conditions de vie, des kabyles et des personnalités intellectuelles et politiques, en dehors de toute structure partisane ; c'est maintenant que tous ceux qui aiment la Kabylie se regroupent, au-delà de leur appartenance politique ou intellectuelle, le Fils du pays propose des actions concrètes pour sauver ce qui reste à sauver, évitant la réédition du cauchemar des années 1990. La Kabylie avant tout. Reprenons en chœur ce slogan de Mohamed Boudiaf.

Le Fils du pays, hier inaudible, se fait entendre graduellement, c'est le signe annonciateur d'une embellie possible, qui fera émerger une autre Kabylie qui n'aura pas peur des morts et des autodafés, ni de cette peur de l'autre qui ne fait plus peur, mais qui se conjuguera au temps d'une re-décolonisation et d'une délivrance du joug des désignateurs de tuteurs autoproclamés, comme si nous étions perpétuellement condamnés à subir l'irrémédiable, le mépris, les différents viols légalisés et une corruption qui devient un véritable danger pour la sécurité régionale.

Le peuple kabyle ne mérite pas que les forces du mal se déchaînent sur lui. Les épreuves qu'il endure connaissent, depuis 50 ans un épouvantable coefficient d'accélération. Cela, personne, ne peut l'accepter. Les razzias opérées par certains arabes islamistes sanguinaires, dressés par le pouvoir contre des kabyles connus pour leur amour de la paix. Un pouvoir, qui veut détruire les systèmes sociopolitiques et socioculturels traditionnels qui ont fait de leur culture, contre notre culture qui est un exemple d'éthique et de savoir-vivre ensemble ; notre terre, n'est pas aussi stérile pour être ridiculisée et humiliée à ce point, qu'est-ce que l'on espère, nous, les kabyles ?

Ils se roulent les pouces, ils sirotent leurs cafés et leurs thés, ils passent leur temps à blaguer, jamais à travailler bien sûr, ils font plein de discours un peu partout à l'image des situations, aussi longs que des romans, ils fustigent tous le pouvoir. Être élu comme député ou comme maire, c'est comme avoir un fonds de commerce qui rapporte gros et au bout de quelques années, ils peuvent amortir les frais d'achat des maisons, des voitures ou encore remplir les comptes des enfants ! Ces derniers temps, si vous avez remarqué, lors de certaines réunions à l'APN, le taux d'abstention bat les records chez certains de ces députés, car ce qui les intéresse, ce sont leurs propres affaires et leur seul objectif, c'est remplir leurs poches au maximum.

D'ailleurs, même les gens de loi tels que la police, les gendarmes et d'autres responsables admiratifs ; sont les premiers à favoriser ce genre de pratique et ils exigent des gens indirectement de leur donner quelque chose à l'exemple de l'emploi de jeune microcrédit. Ainsi, le citoyen doit absolument donner un billet même pour faire établir un acte de naissance à la mairie ou encore pour accéder à un poste de travail avec un salaire de misère, et là, il faut absolument donner au moins deux salaires à l'avance !

Le peuple est fatigué tous de ce pouvoir, il le critique sans cesse le système mafieux, le peuple dénonce toute la corruption et les corrompus, il demande à changer les choses pacifiquement, mais il ne bouge pas.

C'est tout de même un phénomène étrange, que ce silence des personnes qui nous conseillaient, il n'y a pas si longtemps de cela, il ne faut pas perdre espoir, au contraire, il faut se mobiliser comme on dit, combattre sans péril, c'est vaincre sans gloire. Maintenant que la situation s'est clarifiée, il ne faut surtout pas s'arrêter à mi-chemin, c'est là où il faut redoubler de vigilance et de persévérance.

Vu qu'il est peut-être impossible de lutter contre le phénomène de la corruption, c'est le légaliser et le taxer au profil des pauvres, les gens sans ressources et de nommer un ministre de la corruption. La solution de guérir le mal par le mal n'est malheureusement pas une juste solution. Le citoyen autant que les autres caractères, c'est toute la notion de l'être ou ne pas être. C'est tellement très sensible, que l'avis que l'on porte à un commentaire de nos concitoyens apparaît comme une contre-offensive.

Ce fut un temps où mieux vaut mendier qu'être corrompu, et est-ce que c'est haram[45] ? ce nouveau fléau de la société à combattre par la loi sévèrement. Et il n'y a point de gravité dans l'échec du progrès, que ce mal qui ronge en profondeur, les plus faibles et des millions de personnes.

Dénoncer ces exactions graves et intolérables contre la communauté, il faut arrêter de faire semblant que ce régime est démocratique, rationnel ou qu'il tient compte de la réalité ou de l'avis de quiconque. C'est un mensonge que tout le monde sait.

La Kabylie a toujours été un pays à part ; fort ou faible, est une autre question, mais un peuple, un territoire, une langue, une culture et tout simplement un pays à part entière. Comme quoi, un corrompu n'existe que parce qu'il y a un client corrupteur. Pour vraiment sortir de cette corruption, il faut respecter l'ordre, respecter la loi. Il faut du courage pour tout cela ! On doit beaucoup travailler la notion de conscience professionnelle et pour les plus jeunes à l'école, la notion de la conscience

---

45 Péché

sociale, le civisme, et l'intérêt de la majorité avant l'intérêt personnel.

Mais... même si cela paraît philosophique, il n'en est pas moins inutile, car le succès du progrès doit nécessairement passer par ses piliers. Il existe des moyens de venir à bout de la corruption, comment les autres ont-ils fait pour l'endiguer de leur vie ? Il suffit simplement de mettre les moyens nécessaires.

Mais bon, cela fait un demi-siècle que le système du pouvoir est en place, ils se considèrent inamovibles. C'est pour cela que la corruption est dure à combattre dans les pays arabo-musulmans. Certains pensent que c'est l'éducation islamique et les enseignements du prophète qui mettront fin à la corruption... si tout le monde se repentit et Allah donnera une bénédiction qui descendra du ciel !

Pour la première fois de l'histoire, la jonction voyoucratie islamo-nationaliste dans les institutions et petite voyoucratie des rues se réalisent contre les Autochtones de ce pays. Au journal télévisé de 20 heures, la télévision algérienne, qui a menti sur tout ce qui s'est passé, a conclu dans ces termes qui resteront à jamais gravés dans la mémoire kabyle pour rappeler aux amnésiques de tous les temps que les kabyles, quoi qu'ils fassent, ne seront jamais des Algériens.

La Kabylie est infestée de serpents ; qui marchent sur leurs ventres et que le Fils du pays, espère une Kabylie éternelle avec ses valeurs universelles, portées par les gens de sa génération qui le délivreront un jour de tous ces démons. La population kabyle est son âme et son attachement viscéral à la terre nourricière.

Le peuple a appris à vivre avec les mensonges. Ce n'est pas une ou deux farces de plus qui vont y changer quelque chose. Plus de cinquante ans de mensonges, de farces et de promesses insensées ne peuvent pas donner beaucoup de résultats. La preuve, dans une Algérie riche, il y a beaucoup de pauvres avec des milliers et des milliers de chômeurs, que des promesses vaines, savamment entretenues et des désillusions adroitement tissées.

Nos responsables et nos politiques utilisent leur temps à chercher ce qu'il y a lieu de... dire pour faire semblant, pour tromper et surtout, pour endormir le peuple jusqu'à nouvel ordre et ce sont les incompétents qui parlent, qui décident et qui gèrent.

Le pouvoir a fait d'Alger, une cité interdite à l'expression de revendications, aux déclarations d'opinions et aux témoignages mémoriels. Pour raison sécuritaire, nous dit-on. Mais la même raison ne l'empêche pas d'être ouverte aux manifestations de reconnaissance envers le régime bienfaiteur.

Mais ce qui est important maintenant c'est la vie du peuple, un peuple qui existe, mais qui ne vit pas ; le travail éloigne de nous trois grands maux : l'ennui, le vice et le besoin. Faisons un peu attention autour de nous, et nous remarquerons que l'ennui, le vice et le besoin, sont devenus le lot quotidien de l'algérien, riche ou pauvre, intellectuel ou inculte.

Cette répartie a persécuté les sens pour qu'ils se réveillent de la torpeur dans laquelle ils étaient et plongeait ces escrocs de l'histoire, ces falsificateurs de la génétique des peuples opprimés. Ces ignorants qui font d'un illettré un prophète et poussent la tromperie jusqu'à faire d'Allah, leur associé dans l'œuvre de destruction diabolique de tout ce qui existe et respire sur terre !

"Je suis musulman et je ne vais pas fêter Yennayer[46]", avait déclaré le ministre algérien au journal arabophone ennahar ; pour lui, tous ceux qui célèbrent le Nouvel An Berbère sont des mécréants et des ennemis de Dieu.

Quand on passe tout son temps à détourner le maximum d'argent possible, bien sûr qu'il faut faire de la diversion ; d'un côté, c'est tout à fait normal que Yennayer soit haram pour lui puisque la corruption, le vol, les égorgements, les bombes, sont hallal. Nous n'avons pas les mêmes valeurs ! Nous sommes néanmoins sur notre terre et celle de nos ancêtres et nous avons le droit de ne pas être musulmans.

Depuis toujours, les arabes islamistes haïssent les kabyles et ont du mal à cacher leur racisme envers le peuple Amazigh, sans oublier qu'un ancien dirigeant islamiste Nahnah avait dit : que Matoub Lounès, au lendemain de son assassinat, ne doit pas être enterré dans un cimetière musulman.

------

46 Nouvel an berbère

Célébrer Yennayer et Noël est une grave atteinte à la nation musulmane et à la cohérence sociale. C'est un péché impardonnable ! Cela va certainement ébranler sérieusement la vision idyllique que certains se font de la région, qui serait d'après eux la vraie Kabylie, alors que la réalité du terrain démontre le contraire.

Le résultat montre la haine, l'immoralité dans la société ; certes, souvent, on inflige tout cela aux politiciens, mais la religion et les mosquées trouvent, elles, leur apport dans la société. Peut-être pensent-ils que c'est une façon de nous faire oublier la situation catastrophique et misérable de notre quotidien.

L'Algérie, vit une crise multidimensionnelle et le problème de l'Algérie vient de ses dirigeants ; le bilan de Bouteflika est un échec total avec une dictature qui dépasse celle du parti unique de l'époque ; c'est en 1957, que le clan d'Oujda a décidé de couper court au projet de la Soummam, à présent c'est trop tard, il va falloir recommencer, mais recommencer avec qui et comment, car en réalité le régime et les islamistes sont les deux faces de la même pièce.

Où est cette liberté de vivre et cette démocratie, dont nous parle souvent ce pouvoir terroriste et dans chaque phrase, ils nous parlent des droits de l'homme et de ses larbins oligarques de service du pouvoir en place pour endormir encore la population ? On ne sait plus qui croire parce qu'il prétend qu'il est pour la démocratie, et par là, il affiche son hostilité à toute critique. Alors que le monde évolue vers plus de liberté porteuse de progrès, et dans le monde entier le régime boutefliquisme s'entête dans son enfermement.

Malheureusement, le pouvoir n'est pas disposé à dialoguer et il n'acceptera jamais une opposition au pouvoir, il accepte seulement celle qui est de son côté. Il n'y a pas d'élections libres en Algérie, pas de séparation des pouvoirs, ni d'état de droit et les droits de l'homme n'existent pas.

Chaque génération kabyle, est anoblie par l'histoire qui lui confie la mission de perpétuer notre souffle de vie, de dignité et de libertés de tout temps menacés par des tyrans et des envahisseurs, sous le prétexte de l'islam, violant notre terre et notre âme, volant nos richesses et nos filles au nom d'un Dieu qu'ils n'ont jamais respecté.

La population regroupe des partis de diverses obédiences et le pôle des forces du changement qui sont appelées à élever le niveau de combat et maintenir la pression sur le pouvoir pour investir la rue. Fêter le Nouvel An amazigh, c'est déjà faire un acte de résistance face au colonialisme arabo-musulman. Les kabyles lui resteront toujours sur terre ancestrale. Préparons notre décolonisation mentale, afin de pouvoir ensuite mener le combat pour le rétablissement de la Kabylie dans ses droits et sa souveraineté.

Le Fils du pays, est face à un clan qui s'est approprié le pays et qui méprise le peuple, seule l'union peut expulser ce régime et sa politique une bonne fois pour toutes ; et il sait, nous sommes toujours vus comme des ennemis à la nation d'arabo-musulmans ! Le rassemblement des non-jeûneurs durant le dernier Ramadhan, n'est-ce pas une façon aussi de dire à ce régime basta, mais aussi pour revendiquer la démocratie ?

La police politique a dévoré le pays, gangréné la société, cassé toute résistance pacifique, terrorisé les individus et régenté la société et les voyous d'Alger spécialiste dans la politique du chéquier.

C'est que l'islam est né en Arabie et de là, il est parti se répandre dans le monde. Là où l'islam est arrivé à s'installer, eh bien, il a aussi imposé l'identité arabe.

Au cœur d'Alger, la grande manifestation «anti-Présidence à vie» n'a pas eu lieu. La manif promise a tourné court, avortée par une armée de policiers zélés beaucoup plus prompts à obéir aux ordres du pouvoir politique qu'à la constitution du pays qui garantit la liberté d'expression, un droit chimérique dont l'exercice est censé être protégé par les lois de la République.

La police a dispersé la manifestation contre un 4ème mandat du président Abdelaziz Bouteflika, candidat à la présidentielle du 17 avril 2014. Des dizaines de personnes, ont été empêchées par la police de se rassembler devant la faculté centrale d'Alger. Les forces de l'ordre, présentes en nombre, ont procédé à plusieurs arrestations.

Les manifestants, répondaient à un appel lancé sur la toile par un groupe d'opposants, contre le quatrième mandat du président Bouteflika, regroupant notamment des journalistes, des artistes, le mouvement féministe, et des militants des droits de l'homme. Ils scandaient notamment « Non au 4ème mandat ! » ou encore " Quinze ans barakat[47] !"

M. Bouteflika, bientôt 77 ans, au pouvoir depuis 1999, briguera un 4ème mandat malgré des problèmes de santé qui alimentent les doutes sur sa capacité à diriger le pays.

Un ancien chef de gouvernement, Mouloud Hamrouche, a appelé à faire tomber le régime du président Bouteflika dans le calme, avec l'aide de l'armée, estimant qu'il n'était plus en mesure de diriger. L'ex-président du Rassemblement pour la Culture et la Démocratie, Saïd Sadi, figure majeure de l'opposition, a appelé ses compatriotes à se mobiliser pour discréditer ce scrutin, de sorte à laisser l'actuel président-candidat à sa propre succession se concurrencer lui-même.

---

47 Quinze ans ça suffit !

La plupart des manifestants sont embarqués vers une direction inconnue. De célèbres journalistes de la presse écrite algérienne des quotidiens nationaux francophones, qui font partie de la quarantaine de personnes interpellées.

Saignée dans les rangs du très hétéroclite, le collectif contre le 4ème mandat dont les animateurs « tomberont » les uns après les autres, cueillis à chaud et jetés dans les nombreux paniers à salade mobilisés pour la circonstance. On aimerait comprendre l'attitude de quelques personnes promptes à donner leur avis via les médias, mais qui sont tellement absentes quand il s'agit de passer aux actes, ces hommes politiques qui se sont clairement exprimés contre le 4ème mandat de l'actuel président.

L'inquiétude, la peur, sont partout qui s'étalent, et les gens se protègent du monde extérieur qu'ils ont créé eux-mêmes, c'est un peuple qui se méfie de tout, même de lui-même se retirant en lui-même comme l'escargot dans sa coquille. Ils sont nombreux ceux qui veulent sortir dans la rue dans l'espoir de faire chuter le régime dictatorial d'Alger et dire non aux 4 mandats de Bouteflika. Les services de sécurité ont agressé et insulté tous les présents et ont agi avec brutalité et acharnement contre les simples citoyens qui n'ont fait que brandir des pancartes pour exprimer leur opposition.

Les cris de colère contre le quatrième mandat du Président Boutefilka se sont fait entendre à la Place Audin à Alger dès les premières heures de la journée. Une importante présence policière a vite eu raison de ce mouvement de protestation. Plusieurs personnes qui ont assisté au sit-in en face de la faculté centrale murmuraient, leur colère contre les embarcations systématiques sans oser franchement s'afficher : " Arrêtez votre répression, l'Algérie n'est pas votre propriété privée", disaient ces manifestants contre les brutalités et les mesures d'arrestations, contre les manifestants pacifiques et celles qui sont contre les journalistes, qui exprimaient tout leur ras-le-bol de ce système.

L'annonce du clan de Bouteflika de rester encore au pouvoir ; a suscité de vives réactions à travers toute l'Algérie. Des voix ont fusé d'un peu partout en Algérie, pour réclamer un changement démocratique ; les citoyens semblaient commencer à s'initier aux actions de protestation, en dehors des formations politiques ; tout le monde était contre ce président et son régime, les citoyens ont décidé de sortir pour faire tomber ce régime.

Le peuple, veut se saisir de cette chance et de ce climat pour se débarrasser une bonne fois pour toutes de la junte militaire, dont la majorité des généraux sont issus de l'armée Française.

Il est du droit du citoyen algérien d'exprimer son opinion ; sans qu'il fasse l'objet d'une quelconque forme de pression ou de répression, cette expression, fait partie intégrante des droits individuels et collectifs qui constituent, l'essence du projet de renouveau national. Un pouvoir de bandits et de voyous ; veut avoir une justice que pour les voyous et bandits. Mais c'est le système qui est comme ça. S'il y avait une justice, vous pensez que l'on aurait eu ça ? Dans ce système, il peut y avoir des gens honnêtes, forcément. Mais très peu.

Car un homme honnête, n'accepte jamais de travailler dans un pareil système et de nager dans ses eaux troubles ; il faudrait des hommes qui n'ont pas de taches, des gens propres pour reprendre en main les choses, pour faire sortir l'Algérie de ce gouffre dans lequel elle est enfoncée. Et ce ne sont pas les personnes, qui sont actuellement au pouvoir qui le feront. Qu'ils partent tous sans exception !

La récolte des voix auprès des citoyens se fait dans les cafés. Une signature, contre mille dinars dans les cafés, dans la rue et devant tout le monde. Honte à vous, ces candidats de système pourri, c'est avec vous que la population a appris la corruption, ne prenez pas la jeunesse, pour des imbéciles et rien ne vous arrête pour l'argent, honte à vous ! Ce qu'il faudrait par contre ajouter, c'est que lors de chaque débat politique sur les chaînes de télévision, que personne ne soit du côté des pour ni du côté des contre ! Les jeunes d'aujourd'hui et la majorité sont presque drogués, ils vivent dans les nuages.

Le Fils du pays, sait parfaitement bien que ce soit à cause de ces gens-là qui sont assoiffés de pouvoir ! La nouvelle génération est carrément déboussolée. L'Algérie vient de faire un pas supplémentaire dans l'abstraction du pouvoir.

Le peuple algérien, mise à part une minorité de mafieux et de corrompus qui se sont enrichis de plus en plus, et qui n'ont aucun sentiment d'amour ou de piété pour la population, n'ont que la misère à récolter dans ce pays qui ne s'est jamais démocratisé.

Le Fils du Pays, est tellement dégoûté par cette politique nouvelle, qu'il n'est pas en mesure de la commenter parce qu'il sent la manipulation et le mensonge au niveau national, pense que nous ne sommes pas encore sortis de l'auberge et que le pire est à venir avec ce système mafieux qui, à Dieu ne plaise, a de beaux jours devant lui.

Il reconnaît, qu'il est une personne fataliste et réaliste à la fois, mais il faut savoir reconnaître certains faits et certaines vérités qui font mal ! Il ne voit pas comment, nous allons réussir à nous sortir de ce piège infernal qui nous emprisonne, mise à part avec notre autodétermination.

Mes chers compatriotes assoiffés de liberté et de justice, le Pouvoir en place, est décidé à tout mettre en œuvre pour nous maintenir sous ses savates, dit-il. La mafia est capable de tout, ils trichent même dans leur rêve.

Pourquoi n'acceptent-ils pas une commission indépendante ? Pour organiser les élections ! Ils veulent, convaincre l'opinion internationale surtout que ce vieillard est soutenu par un peuple, et le pire, c'est qu'ils n'ont rien à foutre de l'opinion internationale. Les élections passées, il y a eu comme toujours une fraude concernant les électeurs. Ils ont fait voter les morts aux élections, les algériens et la société civile tels qu'appelée par le lèche-bottes.

Cette absence de démocratie ; empêche toute solution alternative, à la fossilisation du pouvoir militaire... Le moment venu, ils seront montrés du doigt, car tenus responsables de non-assistance au peuple en danger. Notre dépendance énergétique ne doit pas nous conduire à ignorer les dictateurs. Nous devons les dénoncer haut et fort où qu'ils se trouvent !

Le Fils du pays, avait réagi pacifiquement et rapidement pour empêcher la mascarade de se reproduire, car après, ça sera trop tard, le système est rodé au bourrage des urnes et la falsification des bureaux de vote ; les responsables administratifs des hôpitaux ont reçu des instructions pour signer et récolter les signatures auprès des malades.

Le Fils du pays, est fatigué de souffrir et s'accommode de ce pouvoir corrompu et incompétent, qui a déboursé des milliards de dollars pour construire des mosquées au lieu des usines ou des hôpitaux. Eh oui, très tôt le matin, un imposant dispositif policier ceinturait déjà les quartiers alentours. Ordre de faire place nette, de déchirer toute pancarte ou banderole à contenu jugé subversif, de museler, au propre et au figuré, toute bouche contestatrice, tout slogan sentant le crime de lèse-majesté s'ensuivent des arrestations à la chaîne.

Le peuple, doit prendre ses responsabilités et dégager cette clique de pseudos "révolutionnaires", un groupe de cacochymes qui ont des difficultés à perpétuer des dynasties prédatrices. Les flics en civil, appuyés par des agents en tenue, fondent sur les groupes de manifestants, extraient *manu militari* les têtes de proue. Si cet équilibre est rompu alors l'Algérie, sera en grand danger de déstabilisation.

C'est la capacité d'un clan à se maintenir au pouvoir, pour s'accaparer les profits de la rente gazière. Les caméras du monde braquées sur l'Algérie, l'État policier a donné la pleine mesure de son pouvoir et de ses arts répressifs. Aucun point de fixation n'est toléré pour les protestataires.

Les slogans fusent de partout dans la foule « Djazaïr Houra, Démocratia[48] », « Bouteflika dégage », « Non au 4ème mandat », « Ni Oujda ni DRS », « Pouvoir assassin », « Non à l'arbitraire, non à la corruption ! »… Des grondements, hurlements et sifflements d'indignation, accompagnent souvent la kyrielle d'arrestations qui tantôt sont ciblées, tantôt opérées dans le tas. Ils prennent en otage les citoyens de ce pays.

Quelques jours après l'annonce par le Premier ministre Abdelmalek Sellal de la candidature pour un quatrième mandat, les Algériens affichent toujours leur incompréhension, et aussi leurs craintes.

Comment expliquer cette violence, du pouvoir en place contre des citoyens qui s'expriment

---

48 L'Algérie libre et démocratique

pacifiquement ? Ça passe ou ça casse ; quels que soient les conséquences et impacts induits par la décision de ce système sur la société civile, dans un pays qui se targue, d'être démocratique avec deux chambres du Parlement et tout le tintouin, et ces représentants du peuple dans tout ce bouillonnement de la société, grève des enseignants, manifestation des lycéens, etc. Les services algériens ont toujours un coup d'avance, "ils ne lâcheront jamais le pouvoir." Des images de Bouteflika ont été fabriquées de toutes pièces, cette semaine-là à la télévision.

Le peuple, le voit ouvrir une fois la bouche, le peuple n'entend pas ce qu'il dit : le président. Il remue une fois la main. Le système, fait croire à une conversation appuyée par la gestuelle.

Le Fils du pays, se retrouve isolé dans cette lutte, c'était fait à dessein, un système machiavélique comme celui de l'Algérie doit être combattu par la ruse et la stratégie. Quelle honte de mettre en scène un vieillard candidat à l'élection présidentielle et totalement diminué ! Il n'a plus pris la parole en public, depuis son retour de quatre-vingts jours d'hospitalisation en France, au printemps 2013 à la suite d'un AVC.

Le FLN ou RND et d'autres tous, du pouvoir qui occupent le terrain après l'avoir vidé sciemment de sa vraie diversité ; à travers des relais officiels et officieux, ils s'amusent à faire peur par une sorte de terrorisme émotionnelle admirativement, politiquement, etc. Un système machiavélique comme celui-là doit être combattu jusqu' à la racine.

Comment ne pas comprendre le désarroi des jeunes qui rêvent, que de quitter leur pays ? La tension est perceptible au centre d'Alger ; d'ailleurs dernièrement, ce sont des jeunes qui ont protesté contre le quatrième mandat de Bouteflika.

Tout de suite, ils se sont fait arrêter par la police puis placer en garde à vue pendant des heures. La justice comme instrument d'impunité, la police et la gendarmerie comme moyens de répression ? L'école et les universités sont devenues des "foires aux bestiaux", les hôpitaux, des mouroirs sans issue.

La liberté de s'exprimer, fait jaillir la lumière et dissipe l'obscurantisme de la nuit, il ne faut jamais oublier que la parole est celle qui permet à l'homme d'évoluer et de sortir de la misère puis d'être instruit. Ce pays est incompréhensible : absence totale de vie politique, une corruption généralisée, un sous-développement économique fondé sur une rente pétrolière et gazière ; qui finance des importations au détriment de tout développement intérieur. La méthode, n'était pas d'une difficile mise en pratique. La police s'occupe de mater les militants politiques et ses chefs politiques, mais s'occupe de câliner les terroristes.

Le système, est fondé sur la distribution de la rente et la prédation demeure toujours en place et aucun indice ne permet d'avancer que ce système agonise, bien au contraire. Moralité de l'histoire tant que, nous continuerons à nous focaliser sur n'importe quoi, en oubliant de les situer au sein d'un système déterminé, nous continuerons à pratiquer une forme d'onanisme qui ne dit pas son nom.

Des dirigeants pourris, liquident un peuple millénaire pour en faire un amas de zombies, des terroristes et avec un homme âgé et très fatigué... un "état de santé incertain, qui n'est même pas en mesure de faire l'annonce lui-même."

Une partie de la presse algérienne, a réagi de façon très critique à l'annonce de la nouvelle candidature de Bouteflika. Si ces hommes définissent des situations comme réelles, alors elles sont réelles dans leurs conséquences. Ce n'est pas la réalité qui compte, mais ce qui compte, c'est, comment nous percevons cette réalité. Pourtant, il avait annoncé son dernier discours public qui remonte à l'année 2012 à Sétif, où il avait laissé entendre qu'il fallait laisser la place aux jeunes générations.

L'avenir est forcément pénible avec ce pouvoir en place. En ce début du 21ᵉ siècle traumatisé, la thérapie c'est Bouteflika, mort ou vivant. Depuis son intronisation, on ne parle que de lui, ces derniers temps, c'est carrément le déluge des débats dans chaque quartier ou cité, sans arrêt, et au niveau national. Tristesse, désespoir, honte, parodie, c'est scandaleux ! Pauvre Algérie ! Ce pantin et ses marionnettistes, ne valent guère mieux désormais que les oligarques slaves.

Ne dit-on pas que le meilleur des mépris, c'est l'indifférence. Leur subconscient ne leur appartient plus et leur conscient est atrophié ou branché ailleurs, plus le temps passe, plus notre peur l'emportera sur notre espérance. Une éventuelle relève générationnelle n'y changera rien et ce scrutin du mois d'avril 2014 sera une élection fermée, vouée à reconduire le système autoritaire. Aucune transparence n'est garantie pour l'élection présidentielle.

Il est urgent de revenir sans doute à la raison, il suffit d'un rien pour arrêter le cirque infernal, le peuple ne connaît pas d'autre tactique pour l'équilibre qui conditionne sa survie infiniment plus fragile. Mais rien ne changera que Bouteflika soit réélu ou pas. Si un nouveau président est élu à sa place, que ferait-il pour nous les kabyles ? Et pour faire cesser les pressions qui agrandissent les trous en espérant que des politiciens librement choisis les colmateront un jour dans un monde qui aurait vaincu ses pires pièges !

Ce régime se réunit autour de quelques idées : démocratie, liberté, paix et justice et lui-même ne croit en aucune. Ses pratiques sont le terrorisme, la répression, la corruption et réduire à néant les démocrates, les artistes et les intellectuels. Si les combattants de 54 avaient toujours gardé leurs armes de combat après le cessez-le-feu, l'Algérie aurait dû être meilleure et peut-être ce n'est jamais trop tard.

Le pouvoir algérien a atteint en ce siècle, les limites du ridicule et il ne peut y avoir une meilleure illustration, de ce qui se trame là-bas dans les plus hautes sphères, qui ont bien manipulé le peuple avec toutes sortes de discours stériles et vides de sens : la nationalisation des hydrocarbures, l'unité nationale, la révolution agraire, l'école et la médecine gratuite, et nous sommes arabes et musulmans ! Et toujours les mêmes discours jusqu'à maintenant, et pour un seul but qui consiste à tromper le peuple et surtout le Fils du pays.

La toute dernière manœuvre machiavélique, de cette histoire de 4ème mandat pour un président mort n'est qu'une usurpation. Hélas ! D'après le mouvement citoyen, ces élections ne peuvent être la réponse idoine aux aspirations du peuple et ne peuvent constituer, en aucun cas, la solution aux crises cycliques que vit la population algérienne. Les algériens se trouvent toujours colonisés par des pires pendant l'époque coloniale, ils sont devenus amorphes, asservis, impotents et irrationnels.

Ce qu'il faut demander, c'est pourquoi ces jeunes ont attendu ce moment pour protester ? Ils disent qu'ils sont autonomes, rassembleurs et non partisans ! Ils disent s'engager dans une lutte pour la démocratie, mais quelle démocratie ? Celle de l'Occident ou celle de l'orient ? La charia, ils font appel à toutes les personnes de l'Algérie, pour être tous unis pour le changement ? On a rarement vu dans l'histoire de l'humanité, aussi haut degré de cynisme, de mensonges et de mépris pour un peuple considéré comme débile et passif. Ils continuent à se foutre de nos gueules, ont nous insulte et nous le méritons ! C'est antirépublicain.

Anticonstitutionnel et antidémocrate, ce dernier prédateur qui dépasse les 77 ans. Tout simplement parce qu'ils sont tellement tordus dans leurs têtes et leurs cœurs, qu'ils ne se font même pas confiance les uns les autres. La politique de réconciliation nationale, a calmé le feu mais renforcé l'immobilisme. Il n'y a pas de sentiment en politique et non plus de volontariat !

Le mouvement "Barakat" a adopté, sa plate-forme politique en tamazight. Pour quoi faire ? Auparavant, il n'a jamais manifesté aucun n'intérêt pour cette langue ! Le pouvoir dans son application a choisi la facilité en s'appuyant sur les forces conservatrices et donc en tournant le dos voire en réprimant les démocrates. De ce fait, il a rendu impossible la concrétisation des réformes qui ne peuvent être faites, que dans des conditions démocratiques. Ces gens, où étaient-ils lorsque la Kabylie a crié haut et fort BASTA. En termes espagnols cela veut dire, ça suffit !

La Kabylie était à feu et à sang. Le sang des jeunes de Kabylie n'a pas encore séché. N'était-ce pas pour instaurer une démocratie digne de ce nom en Algérie ? Et surtout pour déraciner ce régime dictateur, sanguinaire…?

Les forces conservatrices n'auraient pas baissé les armes, si elles n'avaient pas trouvé avantage dans cette politique, qu'elles ont appuyée de toutes leurs forces. Pourquoi les leaders de ce mouvement barakat n'ont-ils pas soutenu la plate-forme d'Elkseur ? Comme chacun peut le constater aujourd'hui, les résultats sont un désastre national, l'ensemble des candidats, sans exception, qui participent à cette mascarade d'élection sont pour la pérennité du système moribond.

La Kabylie, était face à un clan qui s'est approprié le pays et qui méprise le Fils du pays ; seule la contestation et le mouvement de rue pouvaient l'expulser une bonne fois pour toutes, mais ce jour-là ; nous étions vus comme des ennemis à la nation d'arabo-musulmans.

Un système composé de clans, qui se soutiennent et qui ne tirent leurs ficelles que pour leurs intérêts ; le peuple a subi, est en train de subir et il subira toutes les conséquences malheureuses des décisions prises non sagement, des décisions non fondées.

Et ce qui dérange dans ce mouvement, c'est qu'il est juste contre le quatrième mandat, c'est comme si le système décidait de présenter un autre candidat en bonne santé et ça ne poserait plus de soucis pour eux.

Trop pitoyable pour être sensé ! Et si ce cirque ne relevait finalement, que d'un vrai complot pour justifier une éventuelle prise de pouvoir par l'armée ? Bouteflika et toute cette mafia politique au pouvoir sont là, par la grâce d'une seule institution, l'armée, ce sont toujours les généraux qui décident du choix, la fraude est devenue depuis la nuit coloniale une seconde nature chez des dirigeants, qui ont tout simplement reproduit le discours et les pratiques coloniales. Les jeunes, se disent être la seule alternative possible. C'est le temps du changement, la liberté ne s'octroie pas, elle s'arrache : battons-nous pour libérer le pays et construire un état de droit.

Privatisant l'État, détruisant l'élite condamnée à l'exil et poussant les jeunes, à tenter l'aventure de l'émigration illégale, el harraga malgré les risques d'une mort certaine, une élection propre et intègre n'existe pas en Algérie, ce sera une mascarade, comme d'ailleurs ce fut toujours le cas ; dans un pays qui a trop perdu d'occasions pour se transformer.

L'Algérie a été trahie dès les premiers jours de l'indépendance, voir même avant l'indépendance. Jamais le Fils du pays, ne fut considéré comme digne de respect. Où sont les voix d'universitaires, d'artistes et d'intellectuels, installés en Algérie ou à l'étranger ? Un débat sérieux pouvant réparer la mise en œuvre d'une constitution et d'un nouveau régime, à même de donner naissance à la première république algérienne, rompant avec les anciennes traditions monarchiques est une nécessité.

Ces gens du peuple signeront, certes, n'importe quel formulaire par crainte de subir des représailles, au cas où, ils refuseraient de le faire pour le candidat, mais la solution n'est plus dans le choix entre Bouteflika ou un autre, elle est beaucoup plus complexe, elle appelle à la contribution de tout le monde.

Tout ce qui est réprimable partout, mais en ce qui nous concerne et en particulier la Kabylie et ses citoyens, on devrait ignorer ce qui se passe à la capitale et les laisser apprendre qu'est-ce que c'est, la tolérance et la répression et peut-être apprendront-ils ce qu'est la démocratie. Désormais, c'est leur problème. Comment pourrons-nous dire que cette fois-ci, la contestation a dépassé les frontières de la Kabylie ? À Alger, qu'on le veuille ou non, ce sont des kabyles qui protestent toujours.

Est-ce qu'il y a des mouvements de protestation ou des marches dans d'autres régions ? Telle que Oran, Annaba, Mascara, Mostaganem, Guelma, Constantine ou ailleurs ? La dernière manifestation des opposants au quatrième mandat de Bouteflika à Alger et les images montrant la brutalité des services de sécurité qui ont réprimé, les manifestants ont provoqué une panique générale à la présidence de la république et dans les caves des services du DRS[49]. Ces gens au pouvoir, ne sont nullement prêts à lâcher le pouvoir, quitte à exterminer tout le peuple.

Si ce peuple se lève comme un seul homme, les armes ne pourront rien faire pour l'arrêter. Mais, malheureusement il y aurait beaucoup de victimes comme d'habitude, mais le Fils du pays ne le

---

49 Département de Renseignement et de Sécurité

souhaite pas. Les militaires algériens, ne sont pas comme les autres Africains qui aiment leur pays... la plupart sont des opportunistes et capables de tuer même leur famille pour un poste, le régime a peur du soulèvement de la Kabylie.

Il s'agit d'une nouvelle provocation pour impliquer le pays kabyle comme en 2001, dans une tentative désespérée de sauver un système colonial qui n'a que trop duré.

Le Fils du pays, a dénoncé et condamné cette bavure fermement et cet assassinat ignoble commis par un corps de sécurité, qui incarne le néocolonialisme algérien, il apporte son soutien aux victimes et à leurs familles, appelle ses compatriotes kabyles, à être vigilants et unis pour faire barrage au régime algérien et sa politique, qui vise l'extinction de la Kabylie qui vit sous l'occupation. Et le peuple kabyle n'est pas concerné ni de loin ni de près par cette élection présidentielle.

C'est la question que tous les kabyles se posent, notre confiance est totale envers le Fils du pays, ce qu'il faut savoir, c'est que ses ennemis s'agitent pour assassiner, terroriser... à chaque avancée du peuple kabyle ; les citoyens doivent s'investir en termes de réflexion : économique, sécuritaire, enseignement…, uniquement pour la Kabylie. L'histoire nous a appris qu'aucun mouvement politique ne survivra sans la présence de la Kabylie.

Le Fils du pays, a marqué l'histoire par l'intelligence et non l'opportunisme, il a refusé tous les postes que le pouvoir d'Alger lui a proposés, jusqu'au poste de ministre. Ces généraux, au pouvoir depuis 1962, détestent et abhorrent mortellement ceux qui ont fait la guerre de libération, les historiques et les héros. Ces généraux n'avaient pas combattu comme les vrais maquisards, mais la plupart, étaient dans l'Armée française et l'Armée des frontières, et n'ont donc aucune légitimité, sont donc illégitimes politiquement, historiquement ; ils ont pris le pouvoir de force.

Au lendemain de sa victoire aux législatives de 1991, le FIS avait pensé à l'autonomie des régions, il avait appelé à l'époque au régionalisme positif, une aubaine pour que la Kabylie ait son autonomie, mais malheureusement d'autres faux démocrates, ont préféré appeler les deux généraux responsables à la rescousse de la république et vous connaissez la suite ! Et c'est là qu'ils décrètent un état d'urgence, pour qu'ils restent toujours au pouvoir, enfin les temps ont changé, les hommes et les femmes aussi, le combat est différent, la politique aussi.

Si l'on ne fait pas un pas en avant rien ne changera, tout le monde sait que le changement est toujours difficile, atroce et parfois même douloureux, mais rien ne vient facilement !

Depuis l'indépendance du pays, le régime algérien n'a jamais considéré l'opposition comme un partenaire avec lequel il peut dialoguer. La démarche, qu'il propose est toute simple : servir d'intermédiaire pour réunir les acteurs politiques en vue de réfléchir à une solution de sortie de crise, et ce, de façon consensuelle. Les kabyles savent qu'en matière de compromission, ces acteurs ne sont pas les mieux placés pour leur donner des leçons. Mais ils n'ont aucune leçon à recevoir de ceux qui veulent nous apprendre comment défendre notre dignité et notre combat.

La Kabylie est en danger, seul le Fils du pays est en train de la défendre sur tous les fronts. Le clan d'Oujda veut salir la notoriété des kabyles, mais ils n'y arriveront jamais malgré le soutien des autres pays arabes, terroristes ! Après l'assassinat d'Ébolé, le joueur de la JSK, voilà maintenant qu'ils s'en prennent à un innocent touriste français, la vérité finira par éclater et mettra à nu les connivences du pouvoir raciste.

Ce régime, a tout fait pour transférer le terrorisme en Kabylie pour justifier l'installation de centaines de casernes en Kabylie, qui ne servent à rien sauf à réprimer, à mater les militants kabyles et à terroriser la population kabyle. Les temps ont changé, le peuple kabyle ne peut rester indéfiniment.

Combien de kabyles entrepreneurs ont été enlevés, pour tuer l'économie de la région, sans que les militaires ou les services secrets ne réagissent jamais, souvent, c'est la population qui se mobilise pour les libérer, l'état arabo-terroriste n'a jamais bougé le petit doigt, car c'est son dernier souci. Des généraux tout-puissants qui tiennent les rennes du Pouvoir militaire et mafieux, sa double nature pillent et accaparent les richesses et massacrent la richesse et tous les biens du Fils du pays, avec toutes sortes et formes d'artifices, de vices et malice, de domination, de soumission et d'écrasement. Les uns sont soudoyés, les autres sont intimidés, d'autres encore sont apeurés, exilés, ou carrément emprisonnés.

Mais le plan diabolique ne réussira pas, la vérité finira par triompher et mettra à nu, ces dictateurs et leurs manigances. Le Fils du pays, est sans cesse attaqué par la presse aux ordres du régime algérien, qui ne perd aucune occasion de tirer sur lui et d'appeler les hordes islamistes à son assassinat et pour tenter de le salir et de discréditer sa personne et le mouvement qu'il préside.

Décidément, dès que ce pouvoir est en difficulté, il trouve son salut en commettant des crimes en Kabylie ; lesdits terroristes sont des éléments du DRS que le pouvoir utilise pour ses besoins de diversion, de déstabilisation pour soumettre cette Kabylie rebelle et l'empêcher de s'émanciper. Ce pouvoir diabolique ne sait que manipuler... À chaque fois qu'il est acculé, il fait payer à la Kabylie sa survie. Ce n'est pas la première fois, il suffit de regarder tous ces coups tordus depuis 1963.

À partir de ce pré-requis, rien ne saura empêcher notre combat ; d'emprunter la voie de l'aboutissement qui devra animer notre action pour la libération de la Kabylie. L'Etat algérien, dans ses fondements comme dans ses pratiques, n'est autre qu'un système colonial. Il est lui-même issu d'un autre système colonial, l'État arabo-islamiste ; il est indéniable que l'État algérien, depuis 1962, pratique, et cela est visible, une politique de néo-apartheid en Kabylie.

Dès lors, la première question qui vient à l'esprit de chacune et de chacun d'entre nous, est de savoir s'il reste encore une possibilité de croire encore en cette Algérie de nos parents et grands-parents ? Plus de cinquante ans d'humiliations, accablantes et de répressions régulières ont marqué une politique anti-kabyle, là ça suffit ! Ne devrions-nous pas revoir nos moyens de lutte ? Depuis des années et des années, nous n'avons jamais cessé de contester et de revendiquer, mais hélas, c'est devenu une méthode obsolète.

La Kabylie, le havre de paix, l'unique rempart contre l'intégrisme et le berceau de la tolérance et de la liberté, n'a gardé absolument aucune de ses vertus, vu la construction des mosquées, l'une après l'autre, et bien remplies à chaque heure de prière et surtout le vendredi. Dans les rues, il n'y a que les hommes en tenue d'Afghanistan et partout, c'est la burka, sans parler des journaux en arabe qui se vendent comme des cacahuètes.

La Kabylie ne sera jamais islamisée ; le temps joue pour elle, car son combat est juste, légitime et jamais au grand jamais ils n'abdiqueront de notre droit de vivre libres dans notre terre, la fin de l'imposture algérienne fondée sur l'idéologie crasse arabo-islamistes, arrive bientôt à sa fin. La Kabylie a toujours été le bastion des idées de liberté, de laïcité et de résistance à cette politique et toutes les organisations politiques nées en terre kabyle se sont toutes inscrites dans une démarche de lutte politique, démocratique et pacifique.

La Kabylie est laïque depuis des siècles, elle demeure non pratiquante et cultive la tolérance et le respect de toutes les croyances. C'est la seule région en Afrique du nord qui défend sa liberté de conscience.

Le pouvoir algérien, dès l'année 1963, s'était heurté à l'opposition armée de la Kabylie et les kabyles, ne sont pas d'accord avec le régime fasciste algérien, ils sont encore plus opposés aux islamistes. Elle n'a pas d'État et ne gère aucun des services de sécurité qui sont tous entre les mains d'Alger.

Et ce pouvoir n'a qu'un objectif : détruire la Kabylie par tous les moyens néfastes pour nous discréditer aux yeux de l'opinion internationale, tout en poursuivant la politique visant la destruction de la Kabylie et de ses valeurs. Lorsque le pouvoir algérien avait conclu un accord de paix avec l'Armée Islamique du Salut.

Le Fils du pays, est un symbole pour la génération de jeunes militants, il active dans tous les sit-in, marches, et revendications pacifiques pour les droits civils.

C'est ainsi qu'il sera placé dans l'œil du cyclone du pouvoir algérien dictatorial, oppresseur et raciste qui fait de la guerre contre l'identité et son peuple, une politique d'État qu'il applique avec insistance et rigueur depuis l'indépendance jusqu'à nos jours.

Le régime algérien lui a collé par le biais de ces deux appareils la police et la justice qui sont entièrement sous son emprise.

Tous les événements, vécus ont montré clairement pour tout le monde à travers des photos et vidéos l'implication directe du régime algérien dans les crimes odieux contre les militants pacifistes. Un État de mafieux continue de sévir, le peuple subit dans sa chair les affres des terroristes et la répression d'une dictature atroce, le régime et ses sbires ont trouvé pire que cela, de salir la Kabylie et son peuple en les mettant au ban de la communauté internationale par l'orchestration de crimes odieux.

La population, connaît la vraie nature du système mafieux algérien et l'islamisme, n'est que double-face, parfois arabe et parfois terroriste. La Kabylie est elle-même en otage des idéologies sectaires et violentes prônées par les groupes intégristes, soutenus directement ou indirectement par des factions politico-religieuses du pays et financés grassement par les monarchies du golfe.

Chacun sait que la Kabylie, en conflit ouvert ou larvé avec le pouvoir central d'Alger, dont elle conteste la politique arabiste, islamiste, sectaire et fanatique s'insurge contre sa vassalité vis-à-vis des pays islamistes, l'islamisme radical trouve ses terreaux féconds, dans l'idéologie servie par l'école algérienne. La politique d'usurpation du pouvoir menée jusqu'à maintenant depuis 1962, rejetant avec mépris toute idée d'alternance équivaudrait, à dire pourquoi sortir du gouffre puisque l'on y continue encore notre chute.

Car depuis très longtemps déjà, on savait que la sécurité militaire manipule les islamistes, et les meurtres des jeunes kabyles à l'universalité d'Alger étaient là pour nous le rappeler.

Et l'on sait, pertinemment que les groupes terroristes du groupe islamique armée, ou autres ont tué combien d'intellectuels dans des conditions horribles et très suspectes.

Les vrais opposants, les militants pacifistes et surtout pour terroriser les individus et régenter la société, permettant alors d'assurer la pérennité de la dictature militaire. Les organisations internationales des droits de l'homme et autres ont dénoncé publiquement la responsabilité et la culpabilité de ladite police politique qui n'existe pas à présent, car neutralisée complètement, ou tout simplement pour détourner l'opinion afin de cacher des choses gênantes, tout est bon pour arriver à ses fins.

Ce régime et ses sbires sont là, persistant à demeurer au pouvoir par la force répressive, les manipulations, les chantages, l'autoritarisme, le mépris de l'individu et de la collectivité. La loi sur la concorde civile protégeant les assassins islamistes, réprime toute personne qui ose demander des comptes à ces tueurs. Et sans parler des lois du code de la famille qui tient la femme comme esclave, ou une autre loi sur la généralisation de la langue arabe qui est toujours en vigueur.

Le pouvoir algérien, a tout fait pour créer un fossé entre la Kabylie et le reste des algériens en manipulant la religion, les langues, il est arrivé même à nous faire porter le chapeau en 1980, lors du printemps berbère en disant que l'on a brûlé le drapeau et le Coran pour creuser davantage le fossé entre nous les kabyles et les autres ! Il est arrivé aussi à dénigrer tous nos héros et à les salir, à commencer par ceux qui ont donné leur vie, leurs biens, pour une Algérie meilleure et indépendante.

Il a assassiné le dernier symbole kabyle qu'il a souillé, la JSK, en assassinant son meilleur joueur Ébossé, un expatrié adulé par tous les kabyles, dans le but de montrer la Kabylie du doigt à l'opinion internationale !

Et plus de deux semaines après, c'est l'assassinat d'un français amoureux des montagnes par les services secrets algériens, toujours dans les montagnes kabyles comme par hasard, mais cette fois avec la bénédiction des services français, qui ont des liens étroits avec les gens du pouvoir, raison d'État oblige, on ne mord pas la main qui nous nourrit.

La Kabylie, avec des valeurs universelles demeurera irréductible et indestructible. L'Histoire l'a prouvé et le présent le confirme à travers les positions politiques de ses patriotes, qui n'ont pas renié leur prestigieuse identité. Nous n'avons pas le droit de léguer à nos enfants les conséquences d'un lourd et vieux contentieux qui noue notre pays, la Kabylie, et notre peuple au régime algérien… Eviter à la Kabylie de s'enfoncer dans le gouffre dans lequel l'État Arabe et terroriste veut la précipiter est une urgente nécessité. Et nous devons en faire une force sur laquelle nous devons nous appuyer pour optimiser les chances de faire aboutir notre combat. Il est temps que se cristallise ce mouvement, des valeurs authentiquement révolutionnaires kabyles.

L'assassinat du français Hervé Gourdel fait partie de ce plan diabolique ; pour justifier le quadrillage de la Kabylie par les militaires, et comme par hasard, ça n'arrive qu'en Kabylie, ce genre de truc n'arrivera jamais dans d'autres villes comme Constantine, Oran, Tlemcen ou ailleurs, c'est pour nous salir et pour faire croire à d'autres nations que nous sommes des sauvages ! Cet assassinat visait à déstabiliser la Kabylie. Le pouvoir algérien, a annoncé que l'un des terroristes avait été exécuté, puis un second. D'ici quelques mois, on nous dira que tous les terroristes ont été éliminés de sorte à ce qu'il n'y ait jamais d'enquête.

Le Fils du pays, était porteur de toutes ces valeurs d'honnêteté, de bravoure et de kabylité. Ce dernier concept, comme le chargeait la sémantique de chez nous, résumait pour lui l'ensemble des valeurs qu'un homme est supposé intégrer et défendre pour valoir sa qualité d'homme. IL arborait à son cou une chose rare à l'époque pour des jeunes de sa génération, le signe "Z" Amazigh, pour narguer la sécurité militaire et la police qui nous pourchassait pour ce délit.

Eh oui ! La sécurité militaire s'occupait de la répression de simples signes de la culture berbère. Le Fils du pays, il est armé de la sagesse intellectuelle, et d'une combativité pour sa propre identité. Ce combat pour la dignité ne saura évidemment s'accomplir sans l'émergence d'une conscience nationale kabyle.

Après l'effritement du mythe nationaliste, est venu un réveil de l'islam comme solution à tous les problèmes. Tous leurs efforts sont vains, les programmes scolaires et l'environnement social du pays continueront à se baigner dans le fait religieux à chaque coin de rue. Séparer la religion de la sphère publique, politique, médiatique et de l'école est la condition *sine qua non* du retour à une Algérie meilleure, prospère et vivante.

Il n'y a pas d'islamisme radical et un autre modéré, il y a un seul islamisme qui enfonce les sociétés arabes dans l'obscurantisme en vue de les détruire. On voulait et on veut encore que l'arabisme ne fasse pas partie de nos valeurs culturelles, morales et nous ne nous forçons pas à nous fondre dans son creuset raciste, en opposition avec les préceptes de l'islam. Le vrai problème n'est pas de gérer ou de ne pas gérer un peuple, mais de lui permettre au contraire de gérer démocratiquement ses affaires.

La franchise est de rigueur dans cette affaire de religion. Auparavant, les critiques contre l'islam frelaté, n'étaient pas acceptées par les populaces abreuvées d'imbécillités estampillées "islam", mais le Fils du pays dit tout haut ce qui doit être dit tout bas ! Il y a trop de repères d'incompétents, il faut interdire toutes les nouvelles constructions de brigands. Que le peuple cesse de rêver des temps anciens et qu'il se mette au boulot. Il faut inculquer ce nouvel état d'esprit à nos citoyens et à tous ceux qui veulent partager notre combat démocratique.

Le régime policier est le contraire de la démocratie, la démocratie garantit la liberté des individus, ce bien le plus précieux, et si elle n'assure pas automatiquement la justice et l'égalité, elle garantit au moins le droit de revendiquer.

Le Fils du pays, ne voulait pas que la lutte déraille et que l'avenir de la Kabylie soit compromis, parce que son cheminement politique, avait été marqué par la mystique comme révolutionnaire signifiait pour lui militer au sein des masses, et il y avait chez lui tant de générosité, d'humilité et d'intelligence, que ne pouvait subsister la moindre ambiguïté quant à sa sincérité, même dans l'esprit des plus méfiants. Le monde a regardé la Kabylie grâce à cet impressionnant soulèvement pacifique.

La vigilance justifiait tous les dérèglements, y compris les liquidations qui ont profané la Kabylie combattante. Mener une lutte dans les conditions d'infériorité militaire, il ne faisait pas perdre l'espoir que l'avenir appartienne aux siens. Le patriotisme consistera, pour ses camarades démocrates et pour lui, à assister à la dangereuse dérive de la lutte sans perdre foi en son absolue nécessité. Derrière l'assassinat d'un kabyle, il y a toujours un kabyle. Une vraie malédiction. Il y avait une étrange pudeur dans ces situations embarrassées.

La misère morale et la détresse sociale, le zèle anti-kabyle des kabyles m'ont toujours sidéré. Cette situation ne fait que renforcer ma tristesse, des assassins qui nous dirigent.

La politique est avant tout comme la vie en mouvement, l'engagement, comme un combat incessant contre les habitudes de penser et de faire. La sécurité militaire fonctionne comme une équipe, qu'elle en assume les tâches d'encadrement, d'information et de formation de l'opinion. Dans la réalité institutionnelle, comme dans le vécu quotidien, les régimes qui se disent forts, sont toujours désemparés face à une démonstration qui prend l'allure d'un défi.

La nouvelle génération, grandit dans un système tendant à être cynique et opportuniste, car elle n'a connu que l'embrigadement avec le dispositif militaire discrètement déployé autour d'elle. Quand les inégalités, les injustices ou les retards d'une société dépassent la mesure, il n'y a pas d'ordre établi pour répressif qu'il soit, qui puisse résister au soulèvement de la vie.

C'est une faute politique et morale, qui a déjà coûté des vies humaines et des douleurs, pour que nous acceptions à notre tour de la commettre. C'est un symptôme de confusion et de peur pour cette nouvelle génération, qui ne veut pas revivre ce que leurs parents ont vécu ! Comment faire face au phénomène de l'islamisme ?

Jusqu'à présent, la stratégie de l'anathème a lamentable échoué. Osons même dire, qu'elle a servi les islamistes en leur apportant sur un plateau la posture de la victime martyrisée coupable, d'avoir proféré de prétendues vérités. En l'ostracisant sans cesse, la bien-pensance a finalement gonflé l'islamisme à l'hélium.

Le régime, n'est pas seulement passé maître en l'art de culpabiliser ou de séduire ses interlocuteurs ; grâce notamment à des fonctionnaires, souvent brillants et largement inspirés par l'activisme, de la diplomatie qui fut celle de l'Algérie combattante, il utilise aussi habilement sa presse pour nous faire croire que tout va bien, ses interlocuteurs pouvant se retrouver face à une nouvelle crise, au moment même où ils se réjouissent d'en avoir réglé une.

Il faut quelquefois forcer le peuple, à affronter ce qui lui fait peur pour l'aider à se libérer du joug qui le tient captif, une communauté, le plus souvent minoritaire, troque ses valeurs de solidarité et ses réflexes de survie culturelle contre le mercenariat et ce n'est jamais par prédestination. Plusieurs décennies de lutte, nous sommes convaincus que l'activisme ne menait à rien. La meilleure façon de vaincre la peur, c'est de crier.

La situation explosive dans laquelle se trouvait la Kabylie rendait urgente, l'histoire de la lutte et son enseignement sont embrigadés, manipulés, falsifiés à des fins propagandistes. Certes, elles jouent un rôle déterminant dans la construction, mais c'est pour détruire la citoyenneté. Il n'était pas dans nos intentions de faire violence à quiconque, pas question que nous n'accepterions de renoncer à ce que nous sommes.

Pendant des années, la police politique a contrôlé la population et verrouillé le système, a créé des réflexes de peur empêchant nombre de kabyles de s'impliquer dans la vie politique de leur pays.

Après quelques décennies de gérance, la population s'est rendue compte, que ce modèle de politique n'est qu'une survivance du régime colonial et dictateur, une brèche ouverte dans ce système déjà ébranlé par la pression populaire. La richesse pétrolière, avait un effet négatif sur le développement de l'économie et a causé les grandes manifestations d'octobre 1988 dans la capitale et dans plusieurs autres villes en Algérie, qui n'ont fait qu'augmenter l'inquiétude des dirigeants.

Et en octobre 88, en tirer sur les jeunes manifestants, ajoute un autre danger, plus pernicieux celui-là. L'émotion manifestée par les jeunes et moins jeune de la deuxième génération a montré un attachement à leur origine infiniment plus fort, plus viscéral. Les responsables politiques recherchent un bouc émissaire, chacun tire la couverture à soi, le cercle des responsabilités se resserre. Mais la mobilisation sociale, a réussi à donner du pouvoir aux citoyens et ébranler les fondations de la dictature, les jeunes ont déclenché des émeutes et une lutte acharnée contre le système inégalitaire.

On peut plus facilement renverser une équation de rhétorique, que régler un problème politique et la stratégie de l'opprimé ne peut se calquer sur celle des maîtres. Mais le peuple kabyle, en l'à vue depuis l'Antiquité, on ne doute pas qu'il sortira vainqueur de toutes ces épreuves. Le Fils du pays, sait bien que ce n'est pas une fatalité ethnique, nous avons déjà un poids politique optimiste car, il connait les rivalités et les faiblesses qui minent les appareils de l'État ; et il croit en une Kabylie libre et démocratique, comme si elle devait renaître que pour porter les rêves de toute une génération.

Le Fils du pays, a réalisé l'essentiel en brisant le joug de la dictature, il appartient maintenant aux forces intellectuelles de continuer la lutte, pour sauvegarder les acquis et renforcer le processus démocratique.

Tout se passe, comme s'il s'agissait de mêler toujours plus étroitement aux luttes de clans, cet épouvantail traditionnel qui n'a jamais cessé, en réalité, d'être un enjeu politique en Algérie.

Il y a dans tous les pays arabes une frange d'islamistes radicaux ; qui ont pour mission d'instaurer un État islamique, une fois élus. Notre combat défensif ne doit pas prendre cette étiquette anti-islam, dont nous nous parâmes pour les premiers combats. Il nous importe tout simplement de trouver les solutions pour faire cohabiter, fructueusement et pacifiquement, deux groupes de populations dissemblables par leurs langues, leurs coutumes, leurs sens de l'honneur et du devoir, bien que de même ascendance. Une culture ne s'enrichit pas par l'appauvrissement ou la négation d'une autre.

Les deuils, la terreur et les souffrances endurées par le peuple kabyle, plusieurs centaines de morts - il n'y a pas une famille qui n'a pas perdu un proche ou un fils, ont gravement terni l'image que celle-ci voulait en dépit du colonialisme arabe et terroriste. Les enfants fusillés à l'aube, l'honneur des filles bafouées, la dignité légendaire piétinée ! Aïe du moins, comme prix de consolation, la connaissance de ce que le sang ne coula pas pour rien, mais servit au contraire à une indépendance totale. Le régime n'a su, à cette occasion, réagir au déferlement de la jeunesse qu'en déployant ses blindés et ses mitrailleuses. Mais la peur a changé de camp. La société qui a repris la parole n'entend plus l'abandonner. Les fondements, même du système sont en danger.

Ces Kabyles condamnés à être des métèques déracinés sur leur propre terre, ou au mieux, réussite politique et sociale oblige, des saltimbanques de service. Tout au long de notre histoire, certains veulent réintroduire la peur dans notre société ; au moment où, enfin, les langues se délient, on veut casser le formidable potentiel démocratique, s'exprimant dans cette région qui est l'un des bastions de la démocratie ! La situation actuelle, devra affirmer notre indépendance à l'égard des fractions du pouvoir, en refusant de se laisser manipuler ou récupérer par l'une ou l'autre d'entre elles.

Nous sommes un peuple libre, qui résiste encore pour construire son propre système de gouvernance, défini par les Kabyles eux-mêmes sans aucune intervention étrangère. Un peuple résistant, contre toutes les conspirations exercées par le pouvoir assassin et terroriste, et il continue sa lutte dans ses démarches pour l'indépendance de la Kabylie malgré tous les obstacles.

Le Fils du pays, a commencé à faire de l'action, au lieu d'attendre les réactions sur les actions des autres. C'est la nouvelle page de l'histoire qui s'écrit en Kabylie ; depuis très longtemps, c'est l'encre indélébile qui marquera éternellement la volonté de la Kabylie de se libérer, de la politique du régime algérien assassin.

Cette lutte, nous transportera dans un avenir meilleur où notre droit à l'existence en tant que peuple libre sera réalisée. La nation kabyle, a traversé une période très difficile de son histoire, et à chaque fois, elle se retrouve à nouveau dans une lutte encore plus rude. Le retour aux racines renforce l'identité du peuple kabyle. Il faut rétablir l'histoire, de ses traditions et de ses coutumes dans sa totalité, faite de grandeur et de sacrifices, mais aussi de faiblesse et de trahison. Ces Kabyles, sont enracinés dans ce pays depuis des millénaires, ils ne sont pas arrivés d'ailleurs comme certains envahisseurs.

Des femmes et des hommes, ne renonceront jamais à leurs convictions profondes ; que les meilleurs d'entre eux ont payées de leur exclusion, de leur liberté et de leur vie, c'est se condamner à l'impasse. C'est pour cela, qu'ils ont le droit d'être maîtres de leur destin, de jouir de leur liberté en toute liberté, s'ils ont la volonté et la capacité à se conduire eux-mêmes.

En Algérie, les riches sont de plus en plus riches, et les pauvres sont toujours très nombreux. Le pouvoir, a instauré le mal pour des millions de salariés pour qui les fins de mois sont un calvaire. Les réformes n'ont rien réformé, ni l'Etat, ni les institutions, ni l'économie, ni l'éducation, ni autre chose et quand il fait des promesses, il doit se souvenir. Ce misérable est toujours à la case de départ ! La volonté d'agir pour un changement de système politique est claire et déterminée, relève de la vision et de la stratégie.

Le pouvoir refuse une opposition, qui se veut alternance ou alternative, mais accepte une opposition du pouvoir comme roue de secours pour le faire légitimer.

La capitale est quadrillée par des brigades anti-émeutes qui répriment les manifestants, une jeunesse qui veut rendre vie à une société civile anesthésiée. Une jeunesse, qui voit les dirigeants s'enrichir en milliards de plus en plus dans la corruption légalisée le plus normalement du monde. Il faut une réflexion collective, qui dégage une volonté politique et une intelligence stratégique en mesure de dégager une solution.

Ces derniers temps, nous vivons en requérant le regroupement des forces politiques, pour établir la démocratie qui est le meilleur système politique. Le pouvoir politique refuse d'accorder aux citoyens plus de droits pour s'exprimer sur tous ces maux. La liberté d'expression doit être préservée selon son principe qu'il faut respecter. Ces citoyens demandent à être écoutés et entendus, afin de mettre la société en mouvement pour qu'elle se libère d'un pouvoir totalitaire.

L'Algérie officielle, est mue par son idéologie arabo-islamique, qui tend à pulvériser tout ce qui ne s'inscrit pas dans ce socle idéologique, qui incarne l'ignorance, l'intolérance, la barbarie et la violence sous toutes ses formes. Ignore-t-elle l'intense activité salafiste de ces derniers temps, en Kabylie particulièrement ? Malgré une omniprésence militaire et policière dans la région, la Kabylie demeure et au su du monde entier le fief d'un terrorisme islamique, qu'elle n'a pourtant pas enfanté, ni adopté.

Il faut savoir avant tout, que le territoire est occupé par des gens, qui tiennent à nous détruire pour nous effacer et que ces gens entretiennent des outils d'aliénation, qui leur permettent de détenir le pouvoir tant qu'ils sont présents sur cette juteuse contrée. Nous nous donnons le nom d'hommes libres, justement parce que nous n'avons jamais été libres, tant que nous accepterons la domination de l'orient comme de l'Occident.

En réalité, l'État, le vrai, celui qui est au service de la Nation, donc, l'État réellement républicain devrait être son instrument facilitateur, au sens qu'il doit faciliter les choses pour le Fils du pays, non pour les nantis; un fils qui serait incité et accompagné à se prendre réellement en main, non pas pour qu'il se débrouille dans l'angoisse et la misère, comme sous l'État imaginaire.

En effet, il ne semble pas possible de parler de société composée de citoyens et assumant donc ; leur citoyenneté quand des institutions ne donnent pas l'exemple, faisant des bons usages et quand d'autres belles vertus désertent les rangs.

Les Kabyles ont voulu soulever les montagnes, alerter les consciences sur la gravité du geste et l'existence d'un déni de justice. Tout se passe en réalité, comme si les hommes politiques étaient trop longtemps responsables ou complices du système colonial. La police politique, a réussi à imposer son rôle moteur en faisant prévaloir sa vision géopolitique ; l'intérêt singulier n'est pas en soi, incompatible avec l'intérêt général, à partir du moment où il prend en compte, lorsqu'il se saisit lui-même, la liberté comme affinement qui ne peut, de ce fait, nuire à la liberté de chacun.

Or, nous avons, à faire aujourd'hui à un discours sur l'action publique, qui parle dans le vide sans aucun sens ; certes, cela rassemble à un langage de liberté, mais le non-respect des droits conduit à des soulèvements de la population, des révoltes et à des instabilités plus catastrophiques. Le régime, ne peut plus rebondir et donner un nouvel élan aux jeunes.

L'objectif, est de savoir comment mettre un terme au cycle de violence et éviter de rentrer à nouveau, dans une instabilité politique et sécuritaire. Aujourd'hui, on ne voit que du mépris, sur tous les plans, culturel, concertation et surtout le mépris des lois et des promesses non réalisées.

Le peuple kabyle, contrairement à d'autres peuples de l'Afrique du nord, a eu une expérience maussade et très douloureuse, en matière de tentative de changement du régime politique, et c'est grâce à cette jeunesse ; fortement protestataire et contestataire ce qui est extraordinaire et vraiment remarquable. Et il faut noter que le peuple Kabyle ne s'est jamais, jamais battu de manière violente. Il s'est toujours battu par des moyens démocratiques pour sa dignité, pour sa culture, pour la démocratie.

C'est dans les traditions de ce Fils du pays, de se gouverner par le verbe et la sagesse. On discute ensemble et on fait ce qu'il faut faire. Il y a des raisons culturelles et d'organisation, qu'on ne peut expliquer ici ; c'est un peuple qui peut rentrer de plain-pied, sans préparation, dans la démocratie parce que la démocratie fait partie de sa culture. Les démocraties, ne se constituent pas seulement sur une révolution, mais, à la suite d'un long processus ayant pour passage obligé la conciliation des contraires.

Les Algériens, ont cru porter le flambeau de la démocratie en Afrique du Nord, dans les années1990, avant que l'armée ne sonne la fin de la récréation avec toutes les conséquences, qui en ont suivi. Mais les décideurs sont des présomptueux. Et ils se croient supérieurs à leurs voisins afro-maghrébins, et il leur est difficile d'admettre qu'à cause de leurs incapacités à gérer, l'Algérie se trouve à l'intérieur, au fin fond d'un précipice. Il est temps, d'avoir un minimum de sagesse et surtout de courage, pour éliminer l'infection qu'est une meute de mafieux qui font la loi depuis plus 52 ans.

L'indépendance de l'Algérie, a été confisquée par l'armée des frontières et depuis nous vivons sous l'autorité d'un clan totalitaire, qui n'accorde aucune voix au peuple. Et le peuple harassé manifeste un manque de confiance à l'égard du pouvoir.

Le Fils du pays, constitue une figure emblématique intéressante, pour la compréhension des mécanismes qui mènent à l'engagement ; dans le champ politique, il est à l'instar de ses aïeux auxquels il s'identifie aujourd'hui, pour la reconnaissance qu'il mérite ; il est surtout issu et formé dans un milieu de savoir. A partir des conditions d'émergence, de ce fils issu d'une Kabylie rurale et profonde, la prise de conscience de savoir servir de prélude à l'engagement sur la scène politique nationale, et il représente une figure très familière, connue de tout le monde grâce à ses luttes et son amour pour sa Kabylie.

Son itinéraire confirme, qu'il existe bien une relation sociale et politique étroite et déterminante, intéressante pour la compréhension des luttes, qui mènent à l'action ; en effet son engagement est tourné vers la reconnaissance du problème Kabyle. Il est l'exemple à suivre, à écouter ; il restera vivant dans les cœurs et les mémoires et même pour les générations à venir.

Dès le début du conflit, il se fait le défenseur de l'autodétermination politique du pays, tout en affirmant son attachement à sa culture et aux valeurs de ses aïeux. Il a une position d'avant-gardiste, pour l'époque puisque sa vision de la laïcité ne met pas en cause son statut personnel dans le contexte religieux, qui est celui de l'Algérie. L'engagement, qui caractérise l'œuvre et l'action du Fils du pays, se réalise à partir d'une prise de conscience, qui s'effectuera progressivement au gré des événements, tant que régionaux et nationaux. Certes, il est affecté par la situation algérienne des années 90 et plus particulièrement par les questions culturelles, qui se posent dans son milieu très restreint, mais néanmoins actif, mais affecté aussi par cette vision aiguë, surtout du phénomène dictateur qui s'inscrit dans l'ensemble du pays.

Mais selon le Fils du pays, la spoliation et l'injustice ; à elles sont seules loin de rendre explicite la profondeur du ressentiment, qui déferle sur les masses populaires et les conditions imposées, par le fait du régime dont les mécanismes de domination, se fondent sur le même asservissement politique et économique.

Cette vision fondée, sur l'observation des pratiques des gouvernements, qui la conduisent à étendre sa réflexion à l'ensemble de la population, a eu des forces pour combattre la pensée dominante.

Il passe en revue les difficultés sociales, économiques et juridiques, dans lesquelles vivent les Kabyles et surtout la manière, avec laquelle le gouvernement en place a traité les élites kabyles. Et c'est là qu'il faut interpeller des hommes politiques, des artistes et d'autres intellectuels, qui apportent leur caution au pouvoir en place ; de nombreux faits réellement survenus en Algérie, étaient passés sous silence pour une raison d'État. Son expérience, doit servir d'exemple à toutes celles et tous ceux qui se battent pour la démocratie. La trajectoire militante du Fils du pays, nous permet de saisir, comment se donner à voir l'image, dans un contexte dictateur d'altérité.

Pour un long combat, il convient de prendre conscience des effets pervers de la politique d'assimilation. Et il s'agit, de s'approprier symboliquement l'autre en le privant de ses droits. L'identité est la toute première concernée puisqu'elle est définie par le régime, qui a le pouvoir de nomination. Et ils ont qualifié le peuple kabyle, de gâchis au lieu de génie hors pair. En un seul mot froid et blessant mais ô combien vrai, il a su décrire toutes les tares de ce peuple qui veut sa liberté. Etre ou ne pas être ? Le peuple, a choisi de ne pas être avec eux, ni pour eux !

Ils savent pertinemment, que la momie est complètement paralysée la cervelle et n'est en aucun cas conscient, de ce qu'elle est en train de faire. Bouteflika, qui entame un quatrième mandat dans un état de quasi-grabataire, imposé par la force de la fraude et la manœuvre, a décidé de tout recommencer et ce même président qui a méprisé l'opposition, interdit toute expression libre dans la rue. Le degré de développement, d'une société se mesure à sa capacité à accepter les différences. Tous les peuples ont une part de légende, et leur origine comporte des secrets et des énigmes. Leurs propres origines laissent faire des recherches, mais sans essayer de les exploiter, avec des incertitudes à des fins politiciennes.

Ce régime, fait de clans arrogants et de "je m'en foutistes" vit dans un autre monde, fait de miracles réalisés, grâce aux pétrodollars volés au fil des années. Ces imposteurs, ne bougeront pas d'un pouce sauf si le peuple, met de la pression de partout pour leur rendre leur belle vie inconfortable et les démasquer tous, pour les faire sortir sous un fleuve de lumière afin de voir leurs vrais visages. Réunir tous les enfants de la Kabylie, quelles que soient leurs tendances est déjà une prouesse et n'en déplaise à certains, qui ne veulent pas du bien pour la Kabylie.

Ce sont des gens, qui ne veulent pas perdre certains privilèges ; des perroquets ignorants qui propagent les idées, de leurs maîtres ou des ignorants qui veulent se faire remarquer ; tout le monde sait que ceux qui tiennent le pouvoir militaire ou civil ont des comptes en banque ; se chiffrant en milliards de dollars, ont peur de rendre des comptes au peuple et ont peur de la potence. Ils veulent, aussi que leurs enfants héritent de leur pouvoir, donc, la liberté et la démocratie ne sont pas pour eux. L'autre problème, c'est que ce régime a acheté les consciences, le phénomène de la rente, a tué la culture et le savoir populaire.

On abreuve les enfants du peuple, avec les archaïsmes de l'arabo islamisme bédouin et primitif, on leur apprend les souffrances de la tombe, comment laver les morts ; il est temps que toute la Kabylie se réveille et fasse un bras d'honneur, à tous ces ignorants qui dirigent cette Algérie et qui nous polluent la vie, avec leurs préceptes vide de sens. Tant que ce clan de malheur, qui a assassiné les meilleurs enfants du pays, est au pouvoir, il faut tout faire pour les juger et les faire trépasser ; mais leurs enfants s'épanouissent dans des lycées et des universités en Occident pour les préparer à prendre la relève.

Sans parler de la tendance, des opposants aux parti uniques de l'époque, à en rajouter dans la pose, comme s'ils avaient un besoin vital de cet ennemi pour exister, ils sont les seuls principaux coupables de la poussée actuelle de tous les fléaux, ils ont leur part de responsabilité dans tous ces malheurs.

Gouvernée par une momie usurpatrice depuis la nuit des temps, la Kabylie subit toute l'injustice de ce pouvoir mafieux, et le silence complice de ces soi-disant moralisateurs. Personne n'a osé dénoncer, même du bout des lèvres, l'injustice subie par la Kabylie et les assassinats récurrents de ses enfants.

Mais il a suffi que des jeunes kabyles n'observent pas le jeûne, en public, pour que des voix s'élèvent à une vitesse foudroyante pour dénoncer ce sacrilège. Les Kabyles savent très bien, qu'ils ne sont pas arabes et qu'ils peuvent être musulmans sans trahir leur appartenance religieuse, la Kabylie a tant souffert et continue à souffrir de l'islamisme.

On est amené à s'interroger, sur cinquante ans après l'indépendance de l'Algérie et sur les raisons qui conduisent ce pays, à cette incorporation de la tragédie. En dehors de la question kabyle, le citoyen n'a plus d'espace pour soi, pour sa propre vie.

L'impressionnant retour du Front Islamique du Salut, sous une autre forme demande à être confirmé à la participation des élections, soient législatives soit présidentielles. C'est un symptôme de confusion et de peur pour cette nouvelle génération, qui ne veut pas revivre ce que leurs parents ont vécu ! Que faire face au phénomène de l'islamisme ? Jusqu'à présent, la stratégie de l'anathème a lamentablement échoué.

On s'en prend aux enfants, aux jeunes filles et aux femmes de façon lâche et dans l'impunité. Celle du front islamique du salut et du groupe islamique armé, semble s'être incrusté dans les esprits. Et dire que l'on invite ces assassins, pour réviser la constitution, c'est décevant ! Osons même dire qu'elle a servi les islamistes, en leur apportant sur un plateau la posture de la victime martyrisée, coupable d'avoir proféré de prétendues vérités. En l'ostracisant sans cesse, la bien-pensante a finalement gonflé l'islamisme à l'hélium. Faut-il relativiser l'échec cinglant essuyé par le pouvoir, à l'occasion des élections présidentielles ? Il y a quelque chose de troublant à observer : comment, dans nos démocraties, les peuples taillent régulièrement en pièce, ceux où ils viennent à peine de porter au pouvoir.

Ce régime, à peine élu, déjà rejeté. Après une pareille dégelée, Mr Bouteflika est condamné à remanier profondément un gouvernement encombrant, par des divisions de Moyen-Âge et limogeage.

Le peuple, observe chez un grand nombre d'entre eux et ils ont tous une tendance des méthodes fascistes. Ils rêvent tous d'être des sultans au pouvoir absolu, derrière leurs querelles. Le peuple aperçoit un grave danger pour l'Algérie indépendante, qui est entre les mains des colonels, autant dire des analphabètes. Car les énergumènes du genre viennent, se remplissent les poches et partent sans être questionnés.

Le système est fondé, sur la distribution de la rente et la prédation, demeure toujours en place et aucun indice ne permet d'avancer que ce système agonise, bien au contraire. Les choses sont faites pour les prochaines élections, mais quand les nouvelles générations viendront, elles transformeront de nombreuses réformes, pour la nouvelle politique démocratique pour l'Algérie. Un coup de traumatisme d'une politique stérile dévastée par le scrutin. La situation est en train de tomber dans une hémorragie, il devient urgent qu'elle reprenne confiance en elle-même.

Tant que le peuple, continuera à se focaliser sur des discours vide de sens, il oublie de les situer au sein d'un système déterminé, il continuera à pratiquer une forme d'onanisme, qui ne dit pas son nom. Et peut-être un jour arrivera la fin de mission pour ce régime intrigant.

Le peuple attend avec impatience, le recommencement de son histoire. De plus en plus, l'Algérie perd ses repères et se transforme dangereusement. Il est inutile de construire une république avec ces gens du Moyen-Âge. Ils n'ont aucune notion de la démocratie, de la liberté et de l'égalité entre citoyens. Ils conserveront, du commandement qu'ils exercent le goût du pouvoir et de l'autoritarisme.

Un imposteur de l'acabit de ce sinistre personnage, peut toujours rebondir et revenir ultérieurement, pourquoi pas, à ses sales besognes d'hier et d'aujourd'hui.

C'est un peu comme un manège de chevaux de bois : il tourne encore et encore, et toute la vermine politique qui est assise dessus y compris notre sinistre personnage tourne aussi. Que sera l'avenir du peuple entre les mains de pareils individus ? Cela donne des hommes visibles un instant, puis invisibles un autre instant du fait, qu'ils sont de l'autre côté du manège et visibles de nouveau du fait, qu'ils repassent sous les yeux de tout le monde.

Le régime en place pourra, bien avoir une raison valable pour repousser toutes négociations ; ou alternatives que l'opposition lui présente un vieil ennemi à la table, sachant que le régime n'attend, qu'une petite excuse pour tourner le dos davantage et considérer l'opposition comme des apprentis. Il y a tellement d'imposteurs, qui est encore embusqué dans les arcanes du pouvoir qu'il faudrait, à la limite, résister pour au moins faire reculer la répression. Autrement dit, le non moins sinistrement légendaire sérail politique tient lieu au pouvoir.

Ce régime, est incapable de prévoir une politique économique cohérente dans l'intérêt de la population, il est par contre excellent dans la prévision de la pérennité, de la corruption et de la gabegie, à tous les niveaux et secteurs et il n'a jamais eu une stratégie économique, une planification ou un plan de développement. L'industrie, ne rapporte rien et l'agriculture n'est pas vraiment adaptée au climat semi-aride de l'Algérie. Et jusqu'à quand le peuple continue avec cette politique de l'Autriche, acheter la paix sociale pour se tenir au pouvoir et satisfaire son orgueil. Ça va péter de partout, ne t'en fais pas, c'est pour bientôt.

Depuis 1989, nous n'avons eu qu'une "ouverture contrôlée ou fausse ouverture " où les acteurs et agitateurs sponsorisés et propulsés, au-devant de la scène, ne sont que des valets et ponce-pilâtes, des maitres de la sécurité militaire et le département de renseignement et de sécurité, qui a instigué et créé, cette partie officine, ces associations relais, ces organes de propagande et médias aux ordres. Cela signifie, aussi ne pas concéder aux forces obscurantistes. Le monopole de l'opposition, et encore moins de la moralisation de la vie publique.

L'obsession de la sécurité, entretenue par le système politique instauré, depuis l'indépendance et l'affirmation de l'identité arabe s'impose, en rejetant une politique coloniale qui nie, elle, toute identité nationale qui a dressé les Algériens contre eux. La politique d'arabisation de l'enseignement, se lit dans le mal-être et le vide culturel généralisés. Le peuple, croit réellement, que la majorité silencieuse faite de toutes les exclusions et de toutes les marginalisations, commence à comprendre que nous entendons lui donner sa chance.

La longue pratique des assassinats politiques ; nous a appris la capacité du terrorisme, à faire fantasmer les responsables politiques, pour leur arracher les décisions, au nom du peuple, et a fait ensuite main basse sur le pouvoir. Nous sommes arrivés, réduits à commenter les allers-et-venues d'un homme en âge avancé, très affaibli par un violent AVC, dont les fonctions vitales sont toutes atteintes ; d'ailleurs, les images de la télévision national, parlent d'elles-mêmes. Ils ont mené la politique de la cigale à outrance, une politique criminelle et suicidaire pour le futur de l'Algérie.

Le Fils du pays, ne va pas pour autant se contenter de tirer son épingle du jeu, il est le pur produit de la lutte et de la démocratie et c'est un homme d'action, il est toujours positif. Il savait que tout débat, pouvait exister seulement dans un régime démocratique, il s'acharnait à attribuer aux seules conséquences du déracinement les travers de ses compatriotes. Il semblait assumer la folie des autres autant que la sienne. Et il a besoin de chacun de nous pour l'édifice de la Kabylie, de telle façon qu'il arrive à faire avancer notre lutte, et notre combat verra la victoire sans oublier que le régime arabe, terroriste et raciste fait toujours des menaces de mort a celles et a ceux qui sont contre lui.

La Kabylie a besoin de tous ces enfants, de toutes ces structures. De toutes les souffrances et de toutes les épreuves que notre peuple a eu à affronter à travers tous les âges, la Kabylie fait notre originalité et notre fierté en tant que peuple, nous ne pourrons retrouver la véritable identité que dans un cadre démocratique et laïque de notre État.

Nous sommes fiers, que notre terre et notre peuple n'aient donné à l'humanité que des résistants. Le peuple Kabyle, a compris que seule l'Indépendance créera en lui une dignité et la liberté, le bien constitutif inaliénable de tout être humain et il ne veut plus que l'on dispose de son destin. Il veut parler de lui-même, en tant que personne libre constituant un peuple libre. Ainsi, l'insurrection algérienne n'est ni plus ni moins, qu'une affirmation d'existence.

Les Kabyles, veulent être les acteurs de leur propre histoire, les responsables de leur avenir et les constructeurs de leur destin. Et ils ne reconnaissent plus l'ordre actuel en Algérie comme légitime, car l'histoire seule ne suffit de fonder le droit et encore moins la force.

Le Fils du pays, ne pense que bien loin faire silence sur le passé. Il faut, au contraire parler beaucoup et sans passion pour purger les consciences populaires des jeunes ou des âgées, des mythes qui les encombrent et les empoisonnent, il pense encore que la vérité si cruelle, soit-elle, la seule peut guérir certaines maladies de l'âme. Les événements, sont un éternel renouvellement des mêmes faits, par les mêmes causes, pour les mêmes objectifs. Le lien entre tout ce beau monde, c'est le colonialisme, la domination et l'élimination de l'autre.

Généralement le fait de rappeler le sacrifice, des enfants a toujours habité, bien plus par le front, que par la politique du parti unique. Il est souvent dégoûté, y compris dans sa jeune époque, parce qu'il les voit défendre l'islamisme et l'unité nationale arabe et non pas la Kabylie ou le tamazight. Sans doute, depuis la proclamation du Mouvement pour l'autodétermination de la Kabylie, lorsque certains s'en sont pris, non pas pour ce qu'ils n'avaient pas fait à l'époque du parti unique ou ce qu'ils n'avaient pas fait en ce moment, mais uniquement parce qu'ils avaient osé émettre l'idée qu'ils n'avaient pas envie de servir de courroie de transmission à la propagande ; le prétexte ou le révélateur de ce côté du monde, soudain voulait imposer de manière totalitaire une vision tronquée, mortifère au moment même où leurs orateurs prétendaient le contraire.

Cette politique, avait commencé bien avant… Cela aurait débuté pour le fils du pays quand, il a vu tous ces faux démocrates, les descendants de ceux-là mêmes, qui n'avaient rien fait contre la montée du terrorisme, en voulant éviter le déshonneur et la guerre et qui ont récolté les deux.

Heureusement que la partie kabyle, elle, se maintient et se développe ; ce combat sur les mœurs révélant qu'en fait, la génération 80 était devenue ce qu'elle avait dénoncé dans la génération du conseil national de la résistance berbère : un pouvoir politique, symbolique, culturel, absolutiste écartant tous ceux qui ne marchent pas dans leur combine. Pour parler au nom de l'intérêt général, afin de s'approprier l'appareil d'État en y visant bien plus le prestige que des fonds sonnants et trébuchants.

Mais d'où vient la révolution elle-même, que l'on prétend remonter pour réparer enfin l'horloge du temps perdu, puis retrouvé sinon de cette même décadence provenant de faux aristocrates ; puis de jeunes héros se sont fait trouer la peau un peu partout en Algérie. Tandis que ceux qui parlaient en leur nom, au nom du peuple misérable, étaient bien planqués ou s'encanaillaient dans les salons mondains, qui au fond n'ont jamais fermé leurs portes derrière eux.

Surtout lorsque le fils du pays voit l'état politique actuel de l'Algérie. Abandonnée aux copains et aux coquins, violés, donnée aux nouveaux collaborateurs. Mais une chasse aux sorcières ne servira à rien. Il faudrait juste prendre le pouvoir pour le rendre à tous. Mais le "vrai". Aussi faut-il savoir trier le grain de l'ivraie.

Face au débarquement de l'islamisme, que faire dans les villes et les villages kabyles denses du nihilisme ambiant ? Il s'agira d'avoir l'union et la sagesse comme devise : "qu'impossible n'est pas kabyle".

Les Kabyles, refusent de subir la domination de ceux qui prétendent être arabes. Ils refusent, également le diktat des tenants de l'idéologie arabo-musulmane.

Ils font pression, sur leur élite pour qu'elle clarifie sa position politique, notamment la défense d'un projet adéquat à même de leur assurer la liberté, la dignité et l'existence en tant que peuple, peuple kabyle à part entière.

Le modèle totalitaire et les chances, qu'il offre à la formation d'un Parti-État et d'une nouvelle élite, qui exercera un formidable attrait sur toutes les régions, plutôt que l'image d'une société délivrée à l'exploitation, de classe dans laquelle tous les citoyens ne jouiraient pas des mêmes droits.

Et pour mieux y parvenir, ils font la courbette à leurs complices islamistes pour mieux asseoir leur étatisme. Le nationalisme et le socialisme défendent le peuple, alors qu'ils veulent s'en servir comme chair à canon pour leur gloire.

Il y a lieu, de prendre acte des conséquences dramatiques de la politique d'encouragement de l'idéologie islamiste, qui a enfanté le terrorisme : assassinats politiques, manipulations, provocations, rumeurs, diversions, pièges et sortilèges, tout pour casser toute dynamique de rassemblement, d'union et pour qu'il n'y ait ni statut spécial, ni paix, ni prospérité, rien, tant que le régime militaire est là, persistant à sévir par la force répressive, les manipulations, les provocations et autres stratagèmes et procédés de domination, d'exacerbation des conflits et de pourrissement de la situation...

L'opposition est complètement neutralisée, une opposition non organisée forte et capable de peser sur le pouvoir en place, mis à part des opposants à titre individuel qui luttent sur tous les fronts, ces partis politiques attirés irrésistiblement, par les quelques miettes qui tombent de la table de leurs maîtres, en attendant les échéances électorales pour profiter à fond, du système militaro mafieux corrompu, les trafics en tous genres et la fraude généralisée.

De nos jours, aucun parti ne s'oppose réellement au régime actuel, ils s'en accommodent, et se contentent de faire quelques déclarations sur les modalités de fonctionnement du régime, mais jamais une attaque contre l'autoritarisme, la répression permanente, le mépris de l'individu et de la collectivité, la corruption généralisée, les assassinats politiques, les massacre et le terrorisme d'État.

Les vrais décideurs, les hommes de l'ombre ne sont pas prêts d'accepter les partis, associations, mouvements ou autres à caractère démocratique, c'est pour ça, qu'il n'y a pas de force oppositionnelle capable de renverser le régime ; le régime miliaire est malheureusement la seule force politique organisée, et n'acceptera pas une force oppositionnelle, qui puisse remettre en cause ses intérêts acquis par la ruse et la force.

Et ils mènent une politique criminelle pour dépersonnaliser le peuple ; nos aînés qui ont pris les armes contre l'ordre colonial, ne l'ont pas fait pour remplacer le colonialisme français par le colonialisme arabe. Les Kabyles, constituent un peuple à part entière depuis la nuit des temps et ils ont le droit à l'autodétermination pour choisir librement le statut qu'ils veulent, pour leur patrie opprimée, prendre leur destin en main, ne signifie ni haine ni racisme avec leurs voisins arabes de l'Algérie, ceux qui prétendent le contraire, sont des menteurs et des négationnistes voir même racistes.

Après 18 ans de l'indépendance algérienne, une poignée des jeunes kabyles, d'horizons divers et de condition modeste, dont l'âge ne dépassait pas 30 ans, ont décidé de tordre le cou au système colonial arabe et islamiste. Ce jour-là, un texte fondamental et fondateur est élaboré, pour fixer les objectifs à mettre en œuvre afin de libérer leur culture Berbère, qui est la culture de leurs ancêtres.

Au lieu d'un État social et démocratique, comme le souhaitaient les initiateurs de cette grandiose aventure, l'état raciste recourt à la répression et l'exil, la prison et les règlements de comptes ont été le mode d'emploi pour écarter toute opposition.

Personne n'a oublié ce jour-là, même si la plupart des acteurs directs nous ont quittés, emportant avec eux les secrets, l'événement reste intact dans les mémoires et dans les cœurs des kabyles.

L'Algérie est dans une situation très critique, du fait des textes fondamentaux mal menés au gré des intérêts personnels des uns et des autres ; un choix idéologique non réfléchi, décidé à l'avance par un clan arabe islamiste d'une façon autoritaire qui a montré, ses limites et l'élimination ou la marginalisation des hommes kabyles. Les valeurs, défendues par nos aïeux, sont niées par les serviteurs arabo islamistes.

Un pays moderne tolère et accepte toutes les composantes ethniques et religieuses. L Algérie est confisqué, dès les premiers jours de l'indépendance par ben bella qui a proclamé : nous sommes «arabes, arabes, arabes». L'intégrisme et l'islamisme de la société prennent de plus en plus d'ampleur en

Algérie, tout particulièrement en Kabylie ces dernières années avec la bénédiction du pouvoir en place.

Les jeunes de l'époque, à la tête le fils du pays, ont ressenti le besoin d'être eux-mêmes puisqu'ils ne pouvaient pas n'être autres qu'eux-mêmes. Parce que c'est vrai qu'ils n'ont pas besoin d'être arabes ou autres, du moins après avoir rejeté ce qui a été imposé par un état dictateur et Arabe.

Une jeunesse longtemps bridée par un régime unique, qui en avait fait une victime de ses ambitions illégitimes, aujourd'hui, ils font une grande révolution contre la politique de répression, ils ont décidé de courir ensemble et en tant que société pour pouvoir faire avancer leur lutte et ils méritent.

Politiquement en laissant croire encore que le nationalisme et le socialisme défendent le peuple, oubliant les centaines de martyres d'octobre, et ceux d'avril ; qui sont dû essentiellement aux erreurs stratégiques des dirigeants de l'Algérie indépendante.

Maintenant à croire que l'islam n'y est pour rien dans le terrorisme, les politiciens de l'époque s'indignent non pas contre toute la population, mais contre la Kabylie mais, oui, responsable bien sûr de l'animosité et du ressentiment de l'humiliation arabe au sens islamique du terme, c'est-à-dire la prééminence sur les autres musulmans, éructant leurs haines anti kabyles qui, en fait, s'opposent à la présence islamiste en Kabylie.

Il ne faut donc pas se leurrer sur les faux identitaires, nationalistes qui ne sont que des marches d'une démarche de réconciliation sur le dos des Kabyles, les démocrates et les libéraux, en prétextant que la crise multinationale secoue l'Algérie depuis des années.

Le comble, étant alors d'entendre beugler ces faux patriotes et décideurs, se la jouer en coq alors qu'ils coulent le pays ou proposent des solutions ringardes, normalement le patriotisme consiste plutôt à faire en sorte, que la prospérité et la sécurité soient réellement pour tous les droits humains. Ce qui n'est pas bien, à quoi servirait l'État dans ce cas si la société civile démontre, qu'elle n'a pas besoin de lui ?

Il fallait penser, comment préparer les futures générations à vivre ensemble dans ce pays, pour une vraie uniformité. Toute la Kabylie est infectée et clochardisée avec la bénédiction du système et du gouvernement de voyous.

Plus de cinq décennies d'indépendance n'ont été que répressions sanglantes, destruction de la culture kabyle et des structures sociales. Le coup de grâce est en train d'être donné : l'insécurité et l'asphyxie économique ont pour objet de faire fuir la population et de vider la région. Pour eux, cette identité n'était qu'une aventure hasardeuse, héritée comme un cadeau empoisonné du colonialisme.

Cet héritage, que tout le monde s'évertue à redorer le blason pour mieux nous berner ; une identité rendue dangereuse à notre survie par un système politique maffieux ; édifié par le régime unique et dès les premières heures de l'indépendance.

Il avait assassiné toutes les têtes pensantes kabyles et entama l'arabisation, qui a abruti toutes les générations jusqu'à présent, certains militants de la cause berbère, n'ont que trop souffert et gardent des séquelles physiques et morales jusqu'à ce jour.

Leurs discours et communications politiques et idéologiques, leurs actions et démonstrations jouent dans la provocation, optent pour les doctrines racistes et xénophobes. Le résultat, des champs politiques et médiatiques ouverts ou inaugurés après la révolte populaire, donne de la fausse ouverture où des micropartis, des associations relais et des journaux de propagande, ont été instigués par les stratèges en chambre.

Une fausse opposition, est créée par la sécurité militaire, pour casser l'opposition historique, et le tour est joué contre tout ce qui peut menacer, les intérêts de la caste illustratrice accumulatrice, qui détient le pouvoir dictatorial et intégral. La violence est sa logique motrice, inhérente, intrinsèque.

C'est un régime militaire né dans la violence, qui pratique la violence, il est fidèle à ces pratiques pour rester toujours et éternellement au pouvoir. Le pouvoir militaro mafieux demeure fort. Fort, par son système répressif et corrupteur anesthésiant puissant, par l'accaparement et la spoliation des richesses.

Le peuple sait, que la désunion coûte cher à tous, quand les divergences idéologiques ne se retrouvent pas dans la sphère supérieure, qui les fait converger dans l'intérêt collectif, le quotidien leur a appris que cacher les questions, qui les fâchent coûte cher, c'est comme pour faire un double boulot pour corriger. Cela se dit, il faut faire la part des choses, les peuples évoluent aussi par l'expérience.

Le régime militaire, vise à épuiser sa légitimité politique et historique dans la Kabylie, mais les événements restent comme des symboles du passé, ils sont aussi une référence pour le présent et pour le futur.

Certains sont allés à la Mecque, pour devenir des donneurs d'ordre de tuer les intellectuels, les militaires, terrorisent les civils et leur lancent des fatwas sans qu'ils soient inquiétés, le peuple doute fort quand, il voit des officiels du pays financer le terrorisme et ne s'en cacher même pas. Ceux qui gardent dans le cœur cette mouvance, comme une imagination de toute tentation, de transition démocratique et ne cachent même plus leur sympathie à son égard, ces prédicateurs autoproclamés, utilisés comme gilets pare-balles, par les services secrets et au cas où la république tomberait, comme partenaires.

C'est le moment pour les pays européens d'arrêter de soutenir les pays qui élèvent ces monstres terroristes islamistes, tels que l'Arabie Saoudite, le Qatar, les monarchies du golfe, leurs gourous, en fonction ou pas... C'est le moment d'arrêter, de soutenir les régimes dictateurs islamistes. En révélant ce fait, que l'aptitude des hommes à s'indigner de la barbarie est intacte.

Le mouvement terroriste ne se heurte qu'à des résistances chaotiques, ces groupes engagés dans la plus meurtrière organisation islamiste contre un même peuple. Il n'y'a pas meilleur prétexte à la démission que de douter de l'identité de l'ennemi, l'islamisme agit sur plusieurs façons, selon les situations et ne laisse pas facilement voir la clarté de sa vraie image, parfois, il est institutionnel, modéré et carrément radical. C'est ce qui lui permet d'imposer une totale déférence entre la violence islamique et le radicalisme de l'islamisme. La république, se meurt de la destruction de toutes ses valeurs morales, et il est grand temps d'exiger des politiques la même rigueur, qu'ils nous imposent partout et sur presque tous les sujets.

Les musulmans, doivent apprendre à se familiariser et accepter de plus en plus que leur culte soit critiqué et même caricaturé, car ce sont les musulmans eux-mêmes qui l'ont voulu, en faisant de la religion musulmane un domaine public. Car tout ce qui atterrit dans le domaine public, est sujet à questionnement et donc à critiques et prise de position ; la Kabylie étant le pays où la liberté de conscience est sacrée.

Le croyant et le non-croyant, sont d'abord des citoyens et sont de ce fait égal devant la loi. Quand un pouvoir corrompu, mercenaire et revanchard laisse faire et joue à dompter, le feu avec les terroristes islamistes, il se brûle automatiquement les mains. Avec les lois d'amnistie, les défenseurs des barbares extrémistes sont toujours actifs. Au lieu de se battre contre les extrémistes, les ignorants préfèrent nuire à la démocratie, et rien d'étonnant vu l'échec scolaire et un certain retour au Moyen-Âge. Il incarne en réalité la déchéance morale et culturelle des nations et des sociétés dites musulmanes.

Car l'islamisme est un fonds de commerce, qui pérennise le régime, seuls les islamistes prospèrent dans l'ombre en attendant le moment fatidique, ce qui finira par arriver et l'affrontement sera inévitable. Le régime, croyant à l'habileté de sa stratégie, a cultivé la chimère de pouvoir sous-traiter le contrôle de la société à l'intégrisme, se réservant la commode tâche d'étouffer et de réprimer la cause démocratique.

Le peuple demande, aux autres institutions étatiques de respecter la Constitution. Si l'on tergiverse, si les militants n'élèvent pas le niveau de son combat sur le terrain, si la presse n'explique pas la situation critique d'ébullition dans laquelle l'Algérie actuelle est plongée, l'explosion n'est pas à exclure. La population, est très inquiète aussi de la situation de son pays, elle lance un véritable cri d'alarme à l'adresse du gouverneur. Le pouvoir est dans une mauvaise posture, dans une situation désespérée ; les jeunes vont se rebeller une nouvelle fois, car la situation est très critique.

Le peuple ne demande pas à l'armée de reprendre le pouvoir, mais qu'il soit protégé par cette institution. La population est pauvre malgré le pays qui est riche, des catégories de gens riches qui s'enrichissent davantage et d'autres catégories de gens qui s'appauvrissent de plus en plus.

Ce clan de mafieux, ce sont eux les vrais terroristes, qui ont dépouillé l'Algérie et surtout la Kabylie, un jour tous seront poursuivis pour trahison, les plus grandes dictatures dans le monde ont disparu.

Le peuple, ne peut rester éternellement spectateur. Un peu plus d'1/2 siècle après l'indépendance, c'est une nouvelle génération qui naît avec un smartphone dans la main et toute la technologie qui va avec. Le changement est inévitable, avec ou sans effusion de sang.

En verrouillant la capitale à toute marche citoyenne, association, syndicale ou politique, etc... Ce pouvoir ne cherche-t-il pas à mettre le feu aux poudres ? Sachant qu'il est entouré de gros nuages annonçant une forte tempête durant l'hiver : chutent continus des prix du pétrole, maladie du chef de l'État, crise sociale avec la cherté de la vie, logement, emploi, revendications de corps sécuritaires arrêtées ou réprimées, populations du Sud. Combien d'Algériens sont démunis, sans logement, sans emploi, sans infrastructures sanitaires dignes de ce nom ? Le citoyen algérien souffre et traverse une crise multi dimensionnelle.

Ce pouvoir sait très bien qu'il est à la fin de son règne et il est à la recherche d'une sortie garantie, mais dans son cas, il n'est pas rassuré, la seule solution qu'il envisage c'est le chaos. Et il veut pousser le peuple à sortir dans la rue avec ses agissements et ses comportements, comme à Ghardaïa, Touggourt et Bejaia. Les interdictions de marcher des patriotes, les rassemblements de Barakat et la coordination nationale pour les libertés et la transition démocratique et de certains hommes politiques, la crise qui pourrit le régime, ce sont les signes que le pouvoir de Bouteflika veut semer le chaos parce qu'il se sent enfermé dans son propre jeu, avec le prix du pétrole qui continue à chuter et c'est sa seule solution afin de revenir à nouveau au pouvoir avec les nouveaux préceptes.

L'Algérie perd des forces à chaque jour qui passe et la Kabylie prend ses forces à chaque heure passée au sein de cette Algérie négatrice et assassine. Ce régime pourri sait qu'il lui reste peu de temps à déployer son éventail pour faire peur aux jeunes et les intimider à rester silencieux comme des bras cassés ! Bouteflika, qui entame un quatrième mandat dans un état quasi grabataire, imposé par la force de la fraude, et la manœuvre a décidé de tout recommencer.

Ce même président a méprisé l'opposition, interdit toute expression libre dans la rue. Le peuple algérien est trahi depuis 1962 à ce jour par ce régime, qui ne veut pas partir et qui a utilisé toutes les comédies pour rester au pouvoir. Ce projet est une nouvelle danse conçue pour agoniser une fois encore le peuple algérien pour le détourner du sujet d'actualité. Donc à quoi bon la révision de la constitution ? Cela l'aidera à falsifier ce qui reste à falsifier de la précédente constitution.

Un président qui n'a aucune confiance dans le pays que lui-même commande et dans ces institutions, une équation très difficile à résoudre. Ce serait la deuxième fois, en un peu plus d'un mois, que le président algérien se ferait soigner en France.

Décidément ce régime pourri se moque du peuple algérien ! Pour lui, ce peuple est du déchet que ce président mort ou vivant, gouverne encore ! Comment peuvent-ils le tenir debout de force, cela commence à faire trop pour un représentant de la nation qui veut rester au pouvoir à tout prix, cela relève de l'indécence.

C'est complètement aberrant, il y a tant de vautours autour qui sucent tranquillement ce qui reste de la carcasse de l'Algérie. Honte à ces sanguinaires qui se cachent derrière leurs rideaux ! Ce régime se réunit autour de quelques idées : démocratie, liberté, paix et justice et lui-même ne croit en aucune. Ces pratiques sont le terrorisme, la répression, la corruption et réduire à néant les démocrates, les artistes et les intellectuels.

Cette absence de démocratie empêche toute solution alternative à la fossilisation du pouvoir militaire... Le moment venu, ils seront montrés du doigt car tenus responsables de non-assistance au peuple en danger. Le peuple algérien est fatigué de souffrir et de s'accommoder de ce pouvoir corrompu et incompétent, c'est la capacité d'un clan à se maintenir au pouvoir pour s'accaparer les profits de la rente gazière.

La tension est perceptible au centre d'Alger, d'ailleurs, dernièrement, ce sont des jeunes qui ont protesté contre le quatrième mandat de Bouteflika. Tout de suite après, ils se sont fait arrêter par la police puis placée en garde à vue pendant des heures ; comment ne pas comprendre le désarroi de ces jeunes qui ne rêvent qu'à quitter leur pays. Le système a brisé tout alternative politique crédible, cassé tous les partis d'une façon ou d'une autre. Une corruption généralisée, un sous-développement économique basé sur une rente pétrolière et gazière qui finance des importations au détriment de tout développement intérieur. L'avenir est forcément pénible avec ce pouvoir en place.

Tristesse, désespoir, honte, parodie, c'est scandaleux ! Pauvre Algérie ! Ce pantin et ses marionnettistes ne valent guère mieux désormais que les oligarques slaves. On est en panne d'idées et de rassemblement. Pour une autre classe politique, la solution se trouve dans les préceptes du Coran ! Que faire dans une situation pareille ? La nouvelle génération des années 1990, nées dans la guerre civile, traumatisée, souhaite avant tout trouver la paix.

Au lieu de calmer le jeu, les services de sécurité jettent en prison les manifestants comme s'ils n'avaient rien à faire d'autre que de s'acharner sur des jeunes qui ne font que dénoncer les conditions misérables dans lesquelles ils vivent. Cette population fait l'objet depuis très longtemps de provocations, d'agressions et d'atteintes à ses libertés et dignités, une vraie tragédie se joue à quelques centaines de kilomètres de la capitale. En Algérie, les soi-disant démocrates se taisent pour préserver leurs intérêts !

Ce silence est une honte pour tous ces pseudos algériens, intellectuels, artistes et militants des droits de l'homme, etc... Que de mensonges sur mensonges. En Algérie, coexistent des peuples avec des identités différentes. Ce sont les conséquences d'un pays qui se construit sur une théorie de violence ou sur une culture importée.

Ce pauvre peuple paiera trop chère la facture de l'incompétence de ses dirigeants qui sont là depuis 50 ans. Le résultat est là. Toutes les régions commencent à se réveiller avec la politique désastreuse.

Il entreprendra une nouvelle opération qui s'adressera à tous les Algériens, il lui trouvera une nouvelle appellation autre que réconciliation nationale c'est pour donner une nouvelle chance aux islamistes, nul n'est dupe. Le régime remet en cause sa propre constitution. Le clan de Bouteflika met en branle ses relais et fait peur aux Algériens en brandissant le spectre du terrorisme. L'Algérie n'a pas besoin d'une nouvelle constitution, elle a besoin d'hommes nouveaux !

En ce grand moment de déballage de scandale, la composante de la commission chargée d'élaborer l'avant-projet de la nouvelle constitution donne l'impression que c'est du déjà vu, il y a de quoi se poser de pertinentes questions. Bouteflika avec un bilan négatif est bien mal placé pour imposer une commission. Le président malade a pourtant donné instruction d'installer une commission d'experts... Personne ne se pose la question sur le choix de ses membres. Sur quelles bases ont-ils été désignés ?

L'État algérien reste dans ses chimères de l'État Nation. Ses dirigeants successifs ont décidé d'englober son peuple dans une nation arabe et musulmane, devenant membre de la Ligue arabe. Ce pouvoir refuse de reconnaître nos réalités comme nos sacrifices. Aujourd'hui, ils sont en train de faire revivre un mort pour le maintenir au pouvoir. Car cela fait très longtemps que ce même pouvoir illégitime a employé tous les moyens nécessaires pour faire croire à toute la population algérienne qu'ils sont arabes et musulmans.

Si c'est le cas, où est le problème si nous ne sommes pas arabes et musulmans ? Ce régime pourri va bientôt craquer sous le poids des problèmes sociaux qu'il sera incapable de résoudre, car il a pris longtemps le peuple comme inexistant ou comme un fardeau lourd à supporter !

Les vieux crapauds qui nous gouvernent ne savent plus où ils vont, ils sont devenus infirmes et séniles, il faudra les pousser avant qu'ils ne détruisent le pays.

Le peuple exige désormais de changer le modèle de gouvernance pour adopter de véritables systèmes démocratiques. Cet avenir meilleur passe par le départ des dirigeants qui s'accrochent au pouvoir et nous font toujours retourner à la case départ. Ces dirigeants avec ce système de politique arrogant risquent de mener le pays au chaos et de provoquer une très grande instabilité.

Avant tout, c'est la libération de la Nation kabyle du joug arabo algérien ; Notre avenir est entre nos mains, lorsque des millions de kabyles descendront dans la rue pour proclamer notre droit à vivre libres, rien ne pourra nous arrêter, ni la pluie, ni le soleil ! Un Kabyle libre doit d'abord défendre les intérêts supérieurs de sa patrie, la Kabylie opprimée, défigurée, martyrisée par l'état central ; il n'appartient pas aux Kabyles de se battre à la place des autres. Pétition, séminaire, colloque pour tirer la sonnette d'alarme ou quémander quoi que ce soit auprès de ceux qui ont programmé une extermination de tout un peuple, c'est une humiliation de plus. Une humiliation de trop !

Un État kabyle autonome ou indépendant négocié pacifiquement avec les autorités centrales ; il est possible d'arracher nos droits en tant que peuple kabyle libre si nous nous unissons, et les fantasmes sur le DRS n'intéressent personne ! Actuellement, le principal frein à l'émancipation du peuple kabyle ne vient ni du DRS, ni du gouvernement algérien, mais des forces politiques kabyles et des élites kabyles, qui ont tourné le dos de leur peuple et poursuivent leur stratégie de nationalistes.

La Kabylie laïque, mais pas athée anticléricale qui a liquidé son héritage judéo-chrétien est frileuse, voire hostile, face à toute vitalité religieuse. Il faudrait que l'Europe fasse quelque chose pour que cesse toute cette barbarie en Afrique et au Moyen Orient.

La Kabylie lutte seule contre le terrorisme et a déjà alerté le monde entier sur l'extrême violence du phénomène et de l'ampleur de ses connexions internationales. Nous refusons et nous disons non à la répression, humiliation et aux régressions, la Kabylie n'est pas Afghanistan ou autres, nous sommes issus de la race des seigneurs, nous pratiquons une religion des lumières, de paix, de tolérance, de progrès, de fraternité et d'amour. Nos enfants sont manipulés, endoctrinés, incontrôlables ; les parents sont incapables d'agir, ils ne peuvent rien faire pour récupérer leurs enfants de cette secte, l'État brille par son absence.

Ce sont les islamistes de l'État d'Alger qui font la loi. Sincèrement, la Kabylie est touchée de plein fouet par le fondamentalisme radical. Organisons-nous pour sauver nos jeunes et la Kabylie ! Désormais, l'intégrisme et l'islamisme de la société prennent de plus en plus d'ampleur en Kabylie, ces dernières années, avec la bénédiction du pouvoir en place. Depuis deux décennies à peu près, l'intégrisme est en train de faire des ravages, cela, on le sait, l'islamisation, l'intolérance, l'insécurité, sont les objectifs des terroristes islamistes ; qui sont soutenues par un état arabiste et raciste.

Il fallait remettre en effervescence, le peuple kabyle pour créer un climat de violence, comme pour mieux faciliter les missions aux assassins. Cette tragédie, n'est-elle pas en fin de compte orchestrée pour plonger la Kabylie plus au fond du gouffre ? Pour qu'elle ne se relève jamais plus ! L'État algérien se nourrit de toutes les horreurs et les plus vils assassinats. Il s'alimente d'une haine viscérale pour tout ce qui est kabyle. L'État algérien, nourrit le racisme et la haine dans les cœurs des arabo-musulmans contre les peuples berbères. Cela fait des années maintenant qu'il harcèle et tue. Le pouvoir arabo terroriste fasse les mêmes démarches auprès des Kabyles pendant les périodes de 1965, 1980 et le printemps noir de 2001 avec son lot d'atrocités.

Les généraux sanguinaires et leurs représentants politiques algériens vont-ils comprendre, leur politique coloniale imposée au peuple kabyle et à la Kabylie depuis l'indépendance d'Algérie ?

Les conséquences sont incalculables sur la paix et la sécurité. À chaque fois que le peuple proclame le changement, malheureusement, le rêve se transforme en véritable cauchemar. Cette période, que nous vivons tous a comme un arrière-goût des années où le pouvoir préparait en douceur le retour des islamistes.

Les citoyens sont incapables de se défendre ; par peur de représailles par ces gens, qui imposent un mode de vie inconnue dans l'univers. Vous savez que toute la Kabylie est infectée et clochardisée avec la bénédiction du système et du gouvernement de voyous pour ne pas dire autre chose.

Il n'y a que l'union qui nous aidera à surmonter les obstacles et les difficultés. Gardons nos valeurs berbères avant que ce ne soit trop tard. Les comités de villages et les adultes ont fort à faire, pour protéger nos jeunes de la doctrine moyenâgeuse, et violente de cette vermine verte d'imams envoyés par le régime en Kabylie.

Les Kabyles et tous les villages kabyles doivent se mobiliser en urgence, pour barrer la route à cette invasion barbare. Merci à nos politiciens démocrates...

On finit toujours par payer son silence complice, car on se dit : nous ne sommes pas concernés. Ils ont laissé faire pendant les années 90, maintenant il faudra bien prendre ses responsabilités. Il est primordial aujourd'hui de s'occuper de la Kabylie, et une fois que la Kabylie aura retrouver son indépendance et sera sortie de cette junte de ce gouvernement arabo-islamique dictatorial, nous et notre gouvernement ne serons plus provisoires mais légitimés par nous-mêmes en tant que peuple kabyle libre.

Car le gouvernement algérien, a mené sa politique pour éradiquer l'amazighité de la Kabylie, son identité, son histoire, sa culture.

L'homme Amazigh se bat pacifiquement, doucement mais sûrement, la tête haute, sans jamais courber l'échine. Les marionnettes d'Orient, pensent avec leurs ventres remplis de nourriture et leurs cœurs remplis de haines.

Décidons de l'avenir de notre Kabylie, en nous rappelant toujours que la notion de « l'amnistie nationale » n'a été promulguée, que pour donner encore une autre chance à ces sanguinaires, de nous endeuiller une nouvelle fois ! Nul n'est dupe aujourd'hui de cette mise en scène du régime.

C'est avec la complicité de l'État que la Kabylie vit dans l'insécurité, et ce pratiquement depuis les années 2000 à ce jour. La Kabylie est devenue un haut lieu du banditisme, du terrorisme, des enlèvements et d'assassinats. Aucune autre région d'Algérie ne connaît une telle activité criminelle. Ce régime a voulu mettre la Kabylie à feu et à sang pour instaurer un climat de peur et surtout pour faire croire aux pays étrangers, que la Kabylie est le fief du terrorisme.

Le pouvoir assassin d'Alger, continue et continuera à semer le trouble, de faire croire qu'il agit pour renforcer la sécurité. Cela est fait pour salir la Kabylie et les Kabyles, qui sont connus pour leur attachement à la liberté, contre la violence et le terrorisme islamique. Une chose primordiale est sûre, c'est qu'à chaque fois que la Kabylie a voulue légiférer en mettant de l'ordre, le pouvoir a hurlé à la perte des libertés. On en voit le résultat aujourd'hui et l'État est impuissant devant la montée islamique, car prisonnière de son dogmatisme ahurissant.

Bientôt les uns obéiront à des fatwas, approuvées automatiquement par un gouvernement de trouillards et les autres, se cogneront aux lois les plus tatillonnées sur tout ce qui bouge. Une religion, quelle que soit sa nature ou son statut, est primordiale quand elle reste la propriété personnelle d'un individu et non celle de l'État. Cette frange de musulmans hostiles, à la République et à ses valeurs, voudraient imposer leurs points de vue moyenâgeux dans tous les actes de la vie. Bientôt, ils vont nous interdire d'être dans la rue, au café, au bar aux heures de prière et surtout le vendredi. La laïcité comme principe politique, code de vie collective et force morale, est remise en cause par diverses mouvances et groupes religieux qui la rejettent.

Maintenant c'est clair, mais une religion d'un autre âge a-t-elle sa place dans une société kabyle laïque et qui veut garder toute sa liberté de penser par ses lois et ses critiques ? Maintenant, adopter une religion, c'est aussi adhérer aux délires collectifs qui résultent des certitudes et autres mysticités. La laïcité de la république n'est pas la négation des religieux.

Le résultat montre la haine, l'immoralité dans notre société, la corruption, certes, souvent on inflige tout cela aux politiciens, mais la religion et les mosquées trouvent-elles leur apport dans notre société ? Nous ne connaîtrons jamais la lumière du savoir.

Aujourd'hui, l'État algérien veut faire de la Kabylie une vraie poudrière, en entretenant un climat de guerre permanent dont l'objectif principal est de déstabiliser ses militants avec l'implantation des populations arabophones. Pour déséquilibrer notre espace linguistique et culturel, ils nous déracinent complètement de nos traditions, sans parler d'autres réseaux de trafic et de débauche.

Le peu de biens et d'honneur qui nous restaient ont été sacrifiés. Pendant ce temps, certains passent leur temps à commenter la série d'entretiens stériles, des hommes politiques du régime algérien ou celui qui sont noyautés par le système, désavoués par les Kabyles qui se succèdent sur les plateaux de la télévision. Qui peut aujourd'hui prétendre, contrer la prédation de ce régime prêt à détruire l'écosystème de notre pays kabyle ?

Après toutes ces séries d'interviews sur la télévision brtv, on en est arrivé au point que tout le monde parle maintenant de changement ! Mais quel changement ? Pour changer quoi ? Changer le système ? Comment faire ? Ou changer juste les hommes !? D'ailleurs, même le président-candidat a parlé du changement ! Ce qui est dramatique, c'est qu'il feint de s'en rendre compte après 15 ans de règne, d'une politique stérile !

Il faut un changement de système politique et non un changement dans le système, celles et ceux qui ne veulent pas cet oubli, comme les intellectuels se sont exprimés pour nous faire comprendre l'ampleur des mutations en cours, qui affectent la condition algérienne.

Le peuple a traversé une période très difficile de son histoire et se trouve à nouveau dans une impasse plus dure et difficile à supporter. C'est une nouvelle page de l'histoire de l'Algérie, à dimension politique, sociale, culturelle, humaine, qui se dévoile, se déroule et se grave de plus en plus.

Ce régime, a pour ambition de dominer la société, la réduire au silence et à l'obéissance par l'oppression. Son objectif   n'est pas de trouver la solution à la crise, mais de réprimer les manifestations pacifiques et il dispose de grands moyens pour remplacer l'armée qui a porté sa force à la magistrature suprême à un destin politique et national.

Des femmes et des hommes ne renonceront jamais à leurs convictions profondes, que les meilleurs d'entre eux ont payées de leur exclusion, de leur liberté et de leur vie ; c'est se condamner à l'impasse, car toutes les voix ont le droit de se faire entendre et il est temps, où le bon sens et la raison habitent les esprits.

Un sursaut républicain et démocratique s'impose, pour obtenir le changement parce que le pouvoir a tout verrouillé. La pensée du Parti unique est toujours présente, pour étouffer toute voix dissidente, toute opposition et exclure toutes formes d'expression démocratique. Pour lui, existent d'autres idées plus diverses contre l'intolérance qui s'achemine toujours vers les impasses, voire même de cause et de tort à l'instabilité du pays.

Le peuple algérien vit dans la misère politique et sociale, une catégorie de citoyens en difficulté demande plus de considération ainsi ; que des millions de pauvres et de salariés pour qui, les fins de mois sont un véritable calvaire.

Le Fils du pays, s'est levé le 05 octobre 1988, c'était pour lui une grande lumière, qui allait éclairer sa route et le mener vers sa libération de la dictature définitivement. Mais qui aurait pensé qu'en avril 1999, un fils de l'ancien système reviendrait sous une autre forme pour s'accaparer le pouvoir, puis de tout le pouvoir, qu'il ferait de l'Algérie une propriété privée ou familiale et aussi une république de voyous et de clochards. Il se croit non seulement aimé mais adoré et vénéré par le peuple et il exerce une autorité sans contrôle et un absolutisme total.

Une fin très dure attend le peuple et c'est la faute du pouvoir algérien, qui a mis tous les moyens pour créer ce mouvement afin de contrarier les Berbères. Maintenant, il faut payer avec un peuple ignorant et aveugle qui applaudit toujours le pouvoir.

Les feuilletons égyptiens ont abruti la société algérienne, comme celui qui est sur la vie de Djamel Eddine al Afghani, un feuilleton qui a duré plus de dix ans dans les années 80, la télévision algérienne nous a formatés par des hadiths des oulémas égyptiens comme le cheikh El Ghazali, qui prônait un islam rigoriste au détriment de valeurs universelles et au détriment de nos traditions.

Cette mouvance salafiste, venue des fins fonds des ténèbres guidées par leurs maîtres saoudiens ne désire qu'une chose : effacer notre histoire de la terre. Cette idéologie désastreuse ne se vivifie que chez les populations frustrées, verrouillées par une éducation de Moyen Âge ; toutes les contrées envahies par ce fléau, sont irrémédiablement condamnées à disparaître de l'espace prometteur !

Nous avons été incapables de produire des idées, de rénover la pensée universelle, d'arrêter l'importation des charlatans et sans aucune réaction ni stratégie cohérente entre l'école et la famille sans parler de l'université. La culture salafiste n'est pas dans la culture des Kabyles, c'est le pouvoir qui a tout organisé tous ça, pour mieux contrôler la population par la religion et le manque d'éducation.

Contrairement à ce que l'on dit parfois, ce ne sont pas seulement la pauvreté, la misère, le chômage, le désespoir qui est à l'origine du fanatisme, mais aussi un sentiment d'ignorance, qui est le prétexte du fanatisme de vide intérieur, qui finit par trouver une forme de résolution ; dans une idéologie extrémiste.

La dégradation, de notre société ainsi que tous nos malheurs sont les conséquences de cette doctrine obscure, qui a contaminé notre société depuis très longtemps. Ce fléau a envahi notre société, l'a dégradée et l'a radicalisée. Après le coup d'État de 1992, nous avons pensé, que les républicains allaient changer quelque chose pour, que les masses laborieuses puissent enfin respirer, mais hélas…

Depuis que l'Algérie est indépendante, jamais la pression n'a été aussi intenable, aussi destructrice comme elle l'est sous la tutelle de l'homme, qui veut être un président à vie. Il s'est singularisé par une facette, qui n'a guère échappé au regard des observateurs. À constater certaines confrontations et déclarations contradictoires, des enfants du sérail, qui veulent acquérir le pouvoir pour propager leurs hégémonies, ils resteront aux yeux de l'histoire, comme les vrais nationalistes dont la vengeance contre les ambitions politiques n'a pas d'équivalents, ne pas oublier les forces de la résistance, qui résistent et c'est grâce à eux; si certaines structures de l'État résistent encore malgré les moyens employés en vues de leur destruction, comme les méthodes employées ressassées alors nous allons assister au ressaut et au ressac.

Ils ne peuvent plus résister très longtemps aux pressions dépassant celles du service d'antan, du moment où les enjeux d'équilibre sont rompus, les manœuvres du régime, sont comme un brouillard artificiel parce que, en réalité tout le monde savait, qu'il se moque du peuple algérien. Il est le seul président algérien à avoir nommé et dénommé des cadres de la nation aux fonctions suprêmes sans les avoir reçus. L'intérêt divergent, ceux qui ont les moyens de leurs politiques, grâce à cette source du Sahara, sont avec la dégringolade vertigineuse des prix du pétrole.

Le régime, croît à tort, que le peuple ne sait pas qu'il nomme et dénomme aussi vite qu'il en a envie, jamais sur la base d'un bilan factuel et moral. Beaucoup, se retrouveront pour ainsi dire sur le carreau pour la simple raison, dont les affinités ne sont jamais les mêmes. Tout ce que l'on a vu depuis 1999, manœuvres, détournements, transferts de fonds illicites à l'étranger, acquisition de biens à l'étranger par les voleurs ; se fait au lieu d'un travail sérieux qui sort le pays de ce marasme.

Comment pourrait-on prétendre appartenir à une nation révolutionnaire comme l'Algérie, si l'on manque de respect au peuple et à la classe politique ? De quelle gloire pourrait-on se prévaloir, quand on a comme seul réflexe dominé tout un peuple juste pour contrôler le pouvoir et l'économie.

Ces manœuvres obéissent à une seule logique, pour passer l'examen de la réforme de la constitution, avec une image beaucoup mieux entretenue, seul souci de ce régime un des tenants du pouvoir, ce sont les têtes de lards encombrantes, voilà pourquoi ils essayent de faire quelques ajustements de façades, pour mieux garnir et arranger leur apparence. Derrière le rideau bien gardé par la police politique et bien payée, qui permet aux clans des crapules au pouvoir de faire ce qu'ils veulent du pays sans rendre de comptes à personne, le vent de la vérité commence à souffler et tôt ou tard, ils devront rendre des comptes des dégâts, qu'ils ont infligés au pays et au peuple.

Cela est contraire à l'esprit de la république, ni d'ailleurs à celui du serment de novembre ! Le problème de l'Algérie est bel et bien un problème de démocratie et d'État de droit. Qu'ont-ils ramené aux corps constitués comme avancées technologiques, comme structures de défense modernes adaptées et comme organisation ; la politique et le pouvoir ne les regardent pas ?

Ces décideurs, ne sont-ils pas conscients du péril grandissant de la bulle de la pensée unique et de la corruption, qui vont leur éclater en plein figurent un jour ? Dans une république normalement constituée ?

Il y a beaucoup de cadres et de politiques pour penser, réfléchir et élaborer une politique nationale de défense et de sécurité, au profit de la nation et du peuple.

C'est à la démocratie et au travail ordinaire de la classe politique, qu'incombe ce rôle et c'est à cette dernière et au gouvernement du droit de gérer tout cela, c'est quoi la fierté et l'honneur de ce régime au juste ! Ce régime pourri s'autodétruira, pour faciliter enfin une implosion fulgurante, volcanique et permettre enfin l'instauration de la démocratie tant attendue depuis plus d'un demi-siècle ; les dinosaures à têtes dures ont peut-être senti, que l'heure de leur fin sonne.

Une chose primordiale, à chaque fois que la Kabylie a voulu légiférer en mettant de l'ordre, l'État algérien s'est laissé submerger par les islamistes, se retrouvant à chaque fois un peu plus prisonnier, de son dogmatisme ahurissant. Depuis quand, doit-on se laisser imposer la volonté de ceux qui décident à la place de Dieu... ? Au lieu de réformer l'État, ils veulent réformer la société, plonger la Kabylie tout entière dans un arabo islamisme belliqueux.

Le Fils du pays, ne cesse de militer et il pense que c'est la seule voie salutaire. Cette idée prend forme, fort heureusement, dans les situations infernales, qu'il a vécues durant la période du parti unique et surtout depuis après avril 80 à nos jours. Pendant ce temps-là, les revendications berbères se trouvaient portées par une organisation « politique », le Mouvement Culturel Berbère. Il en fut le leader. La situation de la Kabylie et des Kabyles n'a cessé d'empirer.

Il sait que, la Kabylie a toutes les chances de prospérer sans les sangles de l'arabisme raciste et sectaire. La lutte continue, et ce depuis des décennies, contre la colonisation morbide arabo terroriste, qui est d'abord un combat contre l'arabo-islamisation de notre terre et de notre identité kabyle. C'est lui qui nous apportera la liberté, nous déliera de ce joug qui nous torture depuis trop longtemps. Faisons du bruit pour présenter au monde ce nouvel État indépendant démocratique et laïque, qui est la Kabylie.

Le Fils du pays, a fait émerger cette espérance d'un avenir pour s'inscrire dans un combat nouveau pour l'honneur et la liberté des Kabyles. Notre peuple vit dans une fosse septique, dans un climat de violence, avec la peur des enlèvements. La misère règne à tous les niveaux, y compris dans les foyers, car la corruption et le matérialisme a nivelé en profondeur la société kabyle. Nul autre président que Bouteflika n'a autant affaibli la Kabylie. Nos hommes à l'image de nos forêts sont ravagés.

L'État algérien s'acharne à déployer en Kabylie, des prédicateurs du Moyen-Âge, qui prêchant la haine et le reniement des coutumes et des valeurs ancestrales de la Kabylie. La Kabylie est multiconfessionnelle ; malgré les textes iniques des constitutions imposés, par l'endoctrinement du système arabo-islamique. Les Kabyles ont toujours pratiqué la tolérance, mais pourquoi ces mêmes Kabyles ne sont pas tolérés par d'autres croyants ? Dieu est assez puissant et n'a besoin de personne pour ce faire justice.

Le Fils du pays, constitue un symbole intéressant pour la compréhension des choses, qui mènent à l'engagement culturel ; il est pertinent de se pencher sur les conditions qui ont mené notre frère, de comprendre les étapes qui ont constitué des moments forts à la prise de conscience de soi et servi de prélude, à l'engagement culturel sur la scène nationale et même internationale.

En réalité, sa pensée et son action visent la situation des gens opprimés et resteront très vivantes dans les mémoires, comme un acte d'émancipation politique et culturelle kabyle.

Il ne cesse de s'exprimer, d'interpeller les hommes politiques, les journalistes, ou certains intellectuels qui apportent leurs cautions au pouvoir en place. La Kabylie, a vécu un véritable cauchemar durant 3 an consécutif qui est le printemps noir ; sans qu'aucun Algérien ni aucun parti, aucune région n'ait été à la hauteur de la solidarité avec nous, et ce malgré la perte de vie de nos jeunes, sans compter les blessés à vie.

Le régime arabe islamiste et raciste, s'entête de plus en plus à rabaisser à stigmatiser le Fils du pays, et à le plonger dans l'arriération, la dépendance et la soumission. Le système réprimé et encourage les assauts, de domination fasciste et d'emprise idéologique des islamistes, sur toute la société laïque !

Le Fils du pays, vive chaque jour l'expérience des attaques, répétées du pouvoir et des islamo baathistes contre son identité, sa culture, ses croyances et sa langue. On l'éloigne de son histoire faite d'humanité, de fierté, de résistance et de lutte ; pour la liberté afin de le rattacher à celle de l'avidité, de la violence, des conquêtes, de l'esclavagisme et de l'asservissement des peuples, on lui impose un système et une langue avec un mode de vie qui n'est pas le sien. C'est dans ce contexte de fuite générale d'une population terrorisée, que les habitants de la Kabylie se sont vus confrontés, à ce phénomène d'insécurité, où des bandes organisées aident par les forces de l'ordre sèment la terreur.

Personne ne comprend pourquoi les arrestations sont inefficaces, pourquoi la justice tarde à prendre en charge sérieusement ce dossier ; une crise qui persiste depuis longtemps dans sa phase la plus récente, les Kabyles n'en reviennent pas que des assassins et des pyromanes continuent à circuler librement, brandissant des armes à feu en toute impunité. La décennie noire n'a pas servi de leçon au régime d'Alger, qui flirte encore avec l'islamisme radical terroriste, dans le seul but de s'en faire un allié, pour garder le pouvoir et intimider la société kabyle.

Le pire dans ce qui se passer en Kabylie, c'est que les commissions d'enquête qui sont envisagées, pour identifier qui sont les commanditaires des événements de la Kabylie printemps noir sont tombées à l'eau, et même les instinctuelles comme ; les sociologues, les ethnologues, les historiens et les anthropologues, qui peuvent, apportent une explication plus claire, ils n'ont pas le droit à la parole, devant un régime islamiste et terroriste.

Chaque événement, en Kabylie, le régime fait allusion à la main étrangère, rein que pour cacher ses erreurs, ces défaillances politiquent depuis très longtemps, ils sont au pouvoir depuis 1962 soient, plus de cinquante d'années de haine, de racisme, de vols de viols, de corruption, d'injustice, de grand sabotage de grande incompétence, une gestion désastreuse une économie en berne des investissements à arrêt monopole et ils ont créé le chaos, pour mieux maîtriser et faire vivre le peuple dans la peur et la soumission, le peuple ne peut jamais dire quelles que soient les choses.

Le pouvoir a failli dans son entreprise, de contenir le problème et gérer les événements. Ils confirment l'existence d'un grave dysfonctionnement politique ; l'État n'a pas pu également assumer leurs missions, d'assurer la sécurité et la protection des individus. Cette défaillance ont conduit à une autre faille en matière de réaction, en vue de proposer des solutions concrètes à crise purement sécuritaire.

Le Fils du pays, a besoin de mesures sécuritaires spéciales et de dispositions légales et juridiques fermes, pour protéger les citoyens et leurs biens. On s'en prend aux enfants, aux jeunes filles, aux femmes de façon lâche et dans l'impunité.

L'arabisme et l'islamisme sont les seuls responsables de toutes les tragédies que vit le pays depuis 1962 ! Pour ceux qui croient au changement positif de la part de ces mercenaires, ils se trompent énormément ou sont-ils complices de cette tragédie.

Ces mercenaires se sont acharnés sur la vraie identité du pays pour la détruire en assassinat les berbéristes.

Les Kabyles ne convolent jamais en noces avec les Arabes, ni avec aucun autre groupe ethnique d'ailleurs, mais la tranquillité et la liberté de vivre ont toujours prévalu dans cette région sont bien choisies. La source du problème intercommunautaire est surtout d'ordre politique et culturel, car il y a un grand écart du mode de vie des habitants de la région.

Cela s'est compliqué par les discours haineux, racistes, contre les Amazighs en générale et les Kabyles en particulier lancés par les extrémistes religieux, sans aucun fondement. Les Kabyles, ces gens travailleurs qui ne comptent pas sur l'État, pour l'importe quoi... des gens instruits, ils n'ont pas de leçon à recevoir de personne concernant le nationalisme.

La Kabylie debout, qui par sa résistance légendaire tient la dragée haute au pouvoir illégitime de mercenaires d'Alger qui détruit a petite feu, ça région depuis son indépendance, les ignorants de tous acabits, vomissent leur haine raciste envers cette région d'Algérie, qu'ils ne connaissent même pas, mais à travers des clichés abjects, c'est ce qui explique que la Kabylie est ciblée.

Le Fils du pays, n'a jamais abdiqué devant le danger a porté et continue de porter les revendications les plus nobles auxquelles chacun de nous aspire. Aussi c'est un fervent partisan de la laïcité, qui se battait pour le droit des femmes. La tension permanente entre sa vie et son combat, c'est une figure d'envergure politique incontournable.

Il s'est lancé dans une vaste entreprise, de valorisation des patrimoines kabyle et berbère, malgré des moments de fatigue, il est comme un phénix, il renaissait de ses cendres à chaque fois que la folie et l'ignorance le frappaient. C'est un homme dont la bonté, l'intelligence et le courage, débordent est un véritable symbole d'humanisme et de fierté pour tout être, Kabyle soit-il ou autres, c'est un modèle pour chacune et chacun militant.

Il est l'un des précurseurs du combat pour l'existence du peuple kabyle, un des repères historiques sur lequel s'appuiera et notre génération et celles qui succéderont, il est du devoir de celles et ceux qui se reconnaissent dans la lignée du Fils du pays de demeurer fidèles à l'engagement total envers la Kabylie. Il sait remet en cause, le fatalisme de ceux qui se complaisent dans la pratique béate d'un islam mortifère.

Était un homme libre et pas seulement parce qu'il était un Amazigh ! Il a voulu avant tout nous transmettre un message. Celui que nul n'a le droit de décider pour nous, que nul n'a le droit d'imposer sa volonté en notre nom ! Il s'est battu pour le droit d'exister !

Tout au long de sa vie s'est insurgé contre l'islam qu'on lui imposé contre l'Arabe qu'on lui imposé, contre un pouvoir corrompu et qui lui s'imposait. Tout ce que l'arabisation a détruit, tout ce que cette religion de haine a déformé et falsifié, sur cette terre des rois tel quel : Jugurtha, Massinissa, Kahina et d'autres ; le Fils du pays, réveillent les consciences par son courage et ces paroles qui sont des semailles pour la Kabylie libre et laïque de demain. Tout son personnage incarnait un message, celui de la volonté, de l'autorité et de l'indépendance. Sans concessions ni esprit de compromis. Le Fils du pays, mérite le respect et la considération pour son abnégation, sa détermination, son implication et pour le noble combat qu'il mène courageusement pour restituer à la Kabylie sa dignité et sa souveraineté.